AS ABOLIÇÕES
DA ESCRAVATURA
NO BRASIL E NO MUNDO

Proibida a reprodução total ou parcial em qualquer mídia sem a autorização escrita da editora.
Os infratores estão sujeitos às penas da lei.

A Editora não é responsável pelo conteúdo deste livro.
O Autor conhece os fatos narrados, pelos quais é responsável, assim como se responsabiliza pelos juízos emitidos.

Consulte nosso catálogo completo e últimos lançamentos em **www.editoracontexto.com.br**.

AS ABOLIÇÕES DA ESCRAVATURA
NO BRASIL E NO MUNDO

MARCEL DORIGNY

Tradução
Cristian Macedo
Patrícia Reuillard

© Presses Universitaires de France/Humensis,
Les abolitions de l'esclavage (1793-1888)

Direitos de publicação no Brasil adquididos pela
Editora Contexto (Editora Pinsky Ltda.)

Foto de capa
Estátua localizada no museu Casa dos Escravos,
na ilha de Goreia, Senegal

Montagem de capa e diagramação
Gustavo S. Vilas Boas

Preparação de textos
Lilian Aquino

Revisão
Bruno Rodrigues

Dados Internacionais de Catalogação na Publicação (CIP)

Dorigny, Marcel
As abolições da escravatura : no Brasil e no mundo /
Marcel Dorigny; tradução de Cristian Macedo e Patrícia Reuillard. –
São Paulo : Contexto, 2019.
160 p.

Bibliografia
ISBN 978-85-520-0140-9
Título original: Les abolitions de l'esclavage

1. Escravidão – História 2. Abolição da escravidão, 1888 –
História I. Título II. Macedo, Cristian III. Reuillard, Patrícia

19-0503 CDD 326.09

Angélica Ilacqua CRB-8/7057

Índices para catálogo sistemático:
1. Abolição da escravatura - História

2019

EDITORA CONTEXTO
Diretor editorial: *Jaime Pinsky*

Rua Dr. José Elias, 520 – Alto da Lapa
05083-030 – São Paulo – SP
PABX: (11) 3832 5838
contexto@editoracontexto.com.br
www.editoracontexto.com.br

SUMÁRIO

Prefácio 9
Jaime Pinsky

Introdução 13

As resistências à escravidão 17

As contestações ao tráfico e à escravidão 29

    Antiescravistas, abolicionistas,
    reformadores coloniais 29

    As origens do antiescravismo 34

**Surgimento e expansão
do movimento abolicionista** 45

A primeira abolição da escravatura (1789-1804) 67

O fracasso da abolição do tráfico (1789-1790) 67

A rebelião dos "livres de cor" em São Domingos 72

A rebelião dos escravos de São Domingos
e a primeira abolição da escravatura
(agosto de 1791–4 de fevereiro de 1794) 73

O restabelecimento da escravidão e seu
fracasso em São Domingos (1801-1804) 80

As abolições do século XIX 85

A abolição do tráfico: 1807, 1808, 1815 86

O Congresso de Viena (1815) 88

O combate contra o tráfico ilegal 92

A abolição inglesa de 1833,
primeira ruptura irreversível 94

A França e o caminho rumo à segunda abolição 97

As reformas da Monarquia de Julho 103

A abolição francesa de 27 de abril de 1848 107

As abolições nas repúblicas hispano-americanas 112

Holanda, Suécia e Dinamarca 115

Os Estados Unidos: Guerra Civil e fim da escravidão....115

O Brasil: último bastião da escravidão 117

A questão da indenização 121

O futuro das sociedades pós-escravagistas **131**

    O destino das colônias: rumo à Nova Colonização?... 131

    Os engajados 136

    Haiti: única sociedade camponesa do Caribe 138

    A Nova Colonização:
       utopias abolicionistas
       e novas expansões europeias 142

Conclusão **147**

Cronologia **151**

Bibliografia **155**

O autor **159**

PREFÁCIO
Jaime Pinsky

A abolição da escravatura não foi apenas mais um fato histórico. Foi um reencontro do ser humano com sua própria humanidade. Os escravos deixaram de ser tratados simplesmente como objetos – embora cada vez mais se revoltassem contra esse tratamento. E os senhores, que os aprisionavam, comercializavam, escravizavam e submetiam, podiam tentar reencontrar sua dignidade de seres humanos, pois quem pretende transformar um ser humano em coisa, também se coisifica.

AS ABOLIÇÕES DA ESCRAVATURA

É comum atribuir o fim da escravidão moderna, que ocorreu ao longo do século XIX, ao desenvolvimento da indústria, à necessidade da ampliação do mercado consumidor (escravos consumiam muito pouco, homens livres consumiriam mais produtos), ao fenômeno da urbanização que ocorria nos países mais avançados. Atribui-se também a abolição à nova consciência desenvolvida por intelectuais como decorrência das ideias que circulavam com a Revolução Francesa e com o iluminismo. Ambas as concepções estão corretas, como poderemos verificar ao longo deste livro. Não se pode, contudo, deixar de lado os movimentos realizados pelos próprios escravos: pesquisas recentes comprovam que, tanto nas ilhas caribenhas como no interior das fazendas paulistas, os escravos encontraram formas de resistência e de revolta que ameaçavam diretamente a vida de senhores e capatazes, além de provocar a queda da rentabilidade das propriedades. Fugas, suicídios, indolência no trabalho e mesmo ameaças à integridade física dos opressores foram tornando essa forma de relação de trabalho superada. Mesmo não tendo empatia alguma com os escravos, em muitos lugares os senhores começaram a buscar alternativas, como o estímulo à imigração de famílias de colonos europeus. Jornais brasileiros das últimas décadas do século XIX contêm artigos e reportagens clamando pelo fim da escravidão, até em nome de um "branqueamento" da população...

PREFÁCIO

Este livro tem a vantagem de ser bem condensado e permitir uma visão geral do fenômeno da abolição, tratada sob a ótica da História Mundial. É interessante, neste mundo pequeno e conectado em que vivemos hoje, fugir de uma visão provinciana, desvinculando os acontecimentos daqui dos de outros cantos do planeta. Trabalhos de fôlego, como os de Luiz Felipe de Alencastro ou Fernando Novais, mostram um sistema colonial complexo, em que o que acontece no Brasil tem a ver com a Europa e a África e mesmo com alguns países da Ásia. Porém, por convicção equivocada de micro-história, ou por simples preguiça, ainda se pratica no Brasil, em nome de não sei que teoria, uma historinha de fazendas de café como se ele fosse uma ilha perdida em um oceano inacessível para os estrangeiros. Neste livro, não. Faz-se aqui boa história comparativa, sem a qual não se pode entender nada.

Livro útil para estudantes, mas também aconselhável para profissionais. Ao terminar sua leitura, ficamos com a sensação de que acabou cedo demais. Existe virtude maior para um livro?

INTRODUÇÃO

Este livro não busca apresentar uma nova História do tráfico negreiro ou da escravidão colonial. Com efeito, esses dois aspectos de uma mesma história trágica dispõem de uma abundante literatura, renovada nos últimos vinte anos na França e mais ainda nos Estados Unidos e na Grã-Bretanha. De um lado, encontram-se obras científicas e, de outro, inúmeras publicações destinadas ao público escolar e universitário, sem contar as múltiplas produções para cinema ou para televisão, que apresentaram várias dimensões dessa história, quase sempre nos Estados Unidos, mas também nas Antilhas francesas. Em contrapartida, os processos que levaram ao "fim da escravidão" são muito menos conhecidos e frequentemente relegados ao final das obras consagradas à escravidão em si. No entanto, o desfecho da escravidão colonial foi um processo longo, complexo e conflituoso, que merece uma atenção especial. Os diferentes modos de fim da escravidão, impostos como uma nova forma de trabalho generalizado em grande parte das colônias do "Novo Mundo", originaram sociedades pós-escravagistas de naturezas diferentes.

De fato, o "século das abolições" (1793-1888) produziu sociedades com características contrastantes. As sociedades caribenhas são bem diferentes daquelas do "Velho Sul"[*] dos Estados Unidos, que, por sua vez, diferem das sociedades afro-brasileiras. Para compreender o caso particular do Haiti, deve-se considerar o caráter único do processo de abolição da escravatura na outrora denominada colônia de São Domingos, a "Pérola das Antilhas".

Talvez os contrastes sejam mais marcantes ainda nas sociedades insulares do oceano Índico, mesmo que

---

[*] N.T.: *Old South*, em inglês, é a região que inclui a Carolina do Sul, a Carolina do Norte, a Virgínia e a Geórgia.

igualmente construídas a partir de uma escravidão colonial oriunda do tráfico negreiro.

A síntese aqui proposta busca apresentar com o máximo de clareza os debates e os combates que acabaram impondo o fim dessa escravidão específica que marcou, por mais de quatro séculos, as colônias das principais potências europeias.

Não abordaremos as outras formas que a escravidão assumiu nas sociedades atuais. Certamente estas são tão violentas quanto aquelas e negam os direitos humanos do mesmo modo que o fizeram o tráfico negreiro e a escravidão dos séculos XVI a XIX, mas não dizem respeito à história das práticas coloniais que povoaram as colônias das Américas e do oceano Índico, enquanto despovoavam uma boa parte da África.

AS RESISTÊNCIAS
À ESCRAVIDÃO

Para propor uma síntese sobre os processos de abolição da escravatura, deve-se começar mostrando o que constituiu o cerne da busca de "portas de saída" do sistema escravagista que se generalizara desde o século XVI nas colônias europeias dos "Novos Mundos", ou seja, a resistência à escravidão por aqueles que a sofriam.

É incontestável que o surgimento e a expansão dos movimentos antiescravistas e abolicionistas refletiram o movimento geral das ideias nas sociedades dos países mais "avançados" da Europa ocidental ao longo do século XVIII. Nesses países, os ideais de tolerância e de afirmação dos direitos naturais do homem, que se baseiam na liberdade e na igualdade de direitos, foram uma poderosa força motriz do processo que levou à condenação da escravidão. Do mesmo modo, as novas teorias de economia política da segunda metade do século XVIII contribuíram para tornar a escravidão cada vez mais desnecessária para o desenvolvimento da nova economia – ela funcionava até mesmo como um freio para essa economia.

No entanto, não se poderia esquecer que as colônias com escravos foram, durante todo esse período, sociedades conturbadas: os escravos nunca aceitaram seu destino e o rejeitaram de múltiplas formas, hoje denominadas "resistências à escravidão". No debate parlamentar sobre as "Leis Mackau", em abril de 1845, enquanto os defensores da continuidade da escravidão nas colônias ousavam afirmar que os escravos eram "felizes" e que sua situação era melhor do que a dos proletários das minas ou das fábricas, um dos dirigentes da Sociedade Francesa pela Abolição da Escravatura (fundada em 1834), Agénor de Gasparin, retorquiu enfaticamente:

> Vejam estas criaturas felizes! São vendidas na feira. Só em Guadalupe, em 15 anos, mais de um terço da população escrava foi vendido, 38 mil escravos de 90 mil. Os escravos são felizes! E eles fogem, fogem

de todos os lugares. Vós sois obrigados a duplicar as guarnições; em 5 anos, elas aumentaram de 5 para 9 mil homens. Vós duplicais as guarnições, e os soldados franceses perecem às centenas e aos milhares para impedir as fugas dos negros, para proteger as portas de sua prisão. Eles são felizes! E vós sois obrigados a escrever em sua lei que eles são proibidos de ter barcos. Vós temeis então que eles fujam dessa felicidade que tanto se alardeia![1]

Esta era toda a questão: para manter a escravidão, era indispensável manter uma força de repressão cada vez maior e mais onerosa, pois, à medida que a população servil aumentava, multiplicavam-se as formas de resistência. O recente precedente de São Domingos[2] era um lembrete constante do perigo de uma concentração cada vez maior de "não livres". Após uma longa estada nas colônias escravagistas no início dos anos 1840, Victor Schœlcher concluíra que, para evitar um levante geral incontrolável, a única solução era a abolição imediata da escravatura. Era manifesta a relação entre a resistência à escravidão e a necessidade urgente da abolição. As visões idílicas das sociedades escravagistas eram difundidas por uma iconografia complacente: pintores e ilustradores valorizavam as belas paisagens das ilhas, com escravos domésticos em librés vistosas e com "mulheres de cor" de uma beleza que logo se tornou lendária. Porém, esses olhares não devem nos iludir: o cotidiano da massa servil era de outra natureza, com o trabalho pesado nas *plantations** de cana-de-açúcar ou de algodão, nos engenhos, o trabalho braçal na cidade, os castigos do chicote, do pelourinho, da prisão...

As resistências à escravidão foram constantes nas sociedades coloniais: o primeiro navio a levar escravos africanos a São Domingos (então Hispaniola) chegou em 1503, ou seja, apenas 11 anos após o primeiro desembarque de Cristóvão Colombo, e a primeira revolta de escravos conhecida data de 1506.

Sem entrar nos detalhes dessas múltiplas formas de resistência à escravidão, é importante lembrar as mais usuais.[3]

A recusa ao trabalho ou o desleixo na sua execução foram uma constante: somente o capataz, com seu açoite, conseguia estimular o trabalho. Essa obrigação está sempre presente nas imagens do trabalho nas *plantations*, como na famosa saladeira de porcelana de Nevers, conservada no Museu do Novo Mundo da cidade francesa La Rochelle. Nela, a frase "Viva o belo trabalho das ilhas das Américas!" é acompanhada da imagem de um grupo de mulheres com uma picareta na mão e um capataz com um açoite no final da fila... Esse trabalho forçado permanentemente foi criticado pelos economistas liberais, que nele viam uma prova

---

* N.T.: Este termo é, em geral, empregado em inglês na bibliografia especializada e se refere a toda a estrutura das grandes propriedades do período colonial, incluindo os engenhos, a mão de obra escrava etc.

de arcaísmo, incompatível com a divisão do trabalho e com a mecanização em curso no século XIX.

Outra constante da resistência nas *plantations* era o envenenamento dos animais ou dos próprios senhores: como todas as tarefas domésticas ficavam a cargo dos escravos "da casa", como eles eram chamados, a vingança ou a rejeição à condição servil podiam se dar através da utilização de plantas venenosas diversas. O envenenamento foi um temor constante dos senhores e de suas famílias, tornando-se uma verdadeira psicose, em certos períodos de maior tensão nas *plantations*, às vezes puramente imaginária, e levando a castigos extremos dos suspeitos de envenenar a comida ou a água do poço.[4] Real ou puramente fantasiado, o medo obsessivo do envenenamento, em parte baseado na ideia de que os negros conheciam os poderes das plantas e praticavam magia, é revelador da tensão permanente que reinava nas *plantations*. Nessa questão, não se deve perder de vista a literatura, que reflete bem essa realidade.[5]

O assassinato do senhor ou de seus fiéis colaboradores não deve ser omitido. Mesmo não sendo um questionamento explícito e consciente da escravidão, ainda assim essa forma de vingança individual era o resultado de uma opressão insuportável. Aqui, deve-se citar a famosa frase de Diderot: "Aquele que justifica um tal sistema merece do filósofo um profundo desprezo e do negro, uma facada."

Outra forma de rejeitar a escravidão era a recusa de gerar filhos. Em virtude das normas jurídicas – o Código Negro francês,* por exemplo –, o *status* da criança era o mesmo da mãe, sem levar em conta o do pai: mesmo que este fosse livre, até mesmo o proprietário da mulher, a criança era escrava já ao nascer. Essa regra intangível da sociedade escravagista levava um grande número de mulheres a se recusar a dar à luz escravos: abortos por diversos métodos e infanticídios eram muito frequentes, como testemunham as fontes jurídicas. A mulher culpada dessas práticas proibidas pela lei e pela Igreja era quase sempre condenada à morte.

O suicídio durante a travessia era uma das formas mais temidas de resistência à escravidão pelos capitães dos navios negreiros: o escravo que se lançava ao mar quando das subidas diárias ao convés significava tanto uma perda financeira quanto um terrível exemplo para os outros cativos. Era um momento temido por toda a tripulação.

Outra forma de resistência à escravidão a bordo dos navios negreiros no decorrer da aterradora travessia eram os inúmeros motins. Eles ofereciam poucas chances de libertação para os cativos, que, em sua maioria, desconheciam totalmente as técnicas de na-

---

* N.T.: Decreto de Luís XVI, de 1685, que regulava a exploração dos escravos negros nas colônias francesas.

vegação em alto mar, mas demonstram o desespero daqueles que haviam sido vendidos e estavam sendo transportados para o desconhecido. De certo modo, eram resistências pré-escravidão...

A fuga das *plantations*, ou marronagem, foi um dos temas recorrentes do mundo colonial: regulamentos, legislações repressivas, emprego de milícias locais, execuções espetaculares dos "maiores culpados", correspondências entre colonos e textos literários estão repletos de relatos de fugas de escravos, que ameaçavam as *plantations* em incursões noturnas e causavam perdas para os proprietários. Os inúmeros anúncios publicados nos jornais das colônias oferecem detalhes dessas fugas. A análise desses milhares de anúncios de procura de fugitivos ajudou a esclarecer melhor essa prática endêmica, mas ainda precisa ser complementada.

A fuga podia ser breve – de alguns dias a um ou dois meses –, mas a forma mais ameaçadora para o mundo colonial era o que as fontes denominavam "grande marronagem", ainda que essa classificação possa ser contestada hoje em dia. Os fugitivos se refugiavam em zonas de difícil acesso para as forças de repressão, mesmo quando estas recorriam aos "cães caçadores de escravos", muito temidos por sua ferocidade. As montanhas, os pântanos, os morros eram as zonas mais procuradas para refúgio. Na Jamaica, as Montanhas Azuis, no centro da ilha, foram transformadas pelos fugitivos em verdadeiras "fortificações", que as tropas inglesas nunca conseguiram reconquistar durante mais de um século. Elas são hoje excepcionais lugares de memória da marronagem. Até uma "república de *maroons*" foi fundada a partir de 1730: os ingleses perderam a guerra contra eles e, em 1739, um tratado entre o governador Trelawnay e Cudjo, chefe desses rebeldes, ratificou a autonomia desse verdadeiro enclave. Porém, uma das cláusulas impunha a entrega dos recém-chegados aos ingleses... No Suriname holandês, ocorreu o mesmo: como a imensidão da floresta equatorial tornava impossível combater os fugitivos, acordos foram feitos, deixando uma ampla autonomia aos *maroons*. Na Guiana Francesa, deu-se o mesmo fenômeno e, ainda hoje, seus descendentes ocupam o mesmo espaço.

Em São Domingos, em meados do século XVIII, essa grande marronagem foi liderada, no norte da ilha, por Makandal, que semeou o terror nas *plantations*; a ele eram atribuídos poderes mágicos de origens africanas.

No Brasil o fenômeno foi ainda mais amplo: os fugitivos se refugiavam no coração da floresta, fora do alcance das tropas portuguesas. Ali, controlavam vastas zonas, que se tornavam quase Estados autônomos, os quilombos, bases atuais da memória da escravidão e das lutas por sua abolição no Brasil.

As formas extremas da resistência à escravidão foram, evidentemente, as revoltas e as insurreições, cuja cartografia mostra poucas lacunas: de *plantation* em *plantation*, de ilha em ilha, houve pouquíssimos períodos de calmaria no universo da escravidão colonial. O historiador e político martinicano Édouard Delépine resumiu perfeitamente essa situação, muito tempo minimizada ou negligenciada pelas pesquisas históricas entre os anos 1960 e 1990:

> Os fazendeiros antilhanos raramente puderam repousar a cabeça no travesseiro com tranquilidade. [...] A história da escravidão foi pontuada por atos de rebelião mais ou menos violentos, principalmente a partir da Revolução Haitiana.[6]

Apesar da frequência e da intensidade, todas essas rebeliões foram vencidas, reprimidas, e seus líderes e atores, impiedosamente massacrados ou julgados de forma expeditiva. Makandal, em São Domingos, Nat Turner, na Virgínia, ou ainda Boukman, também em São Domingos, em 1791, ficaram na memória como figuras míticas, encarnações do herói libertador, mas vencido no final.

Em suma, o que hoje se denomina "resistências culturais" reflete essencialmente a rejeição das populações deportadas pelo tráfico, e também das gerações seguintes, a adotar de modo pleno os valores impostos pela ordem colonial. Já na chegada às *plantations*, o escravo era obrigado a mudar de identidade. Batizado, tinha de romper com sua religião. Dotado de um novo nome, tinha de esquecer o seu, assim como sua língua; por fim, músicas e danças da África eram proibidas, sendo consideradas como superstições e até pretextos para complôs. O escravo era desculturado, despojado de sua vida interior, forçado a se curvar às novas normas impostas por aquele que havia comprado sua força de trabalho e a totalidade de sua pessoa. Na realidade, essa aculturação imposta nunca foi total: as culturas africanas sobreviveram e se transformaram de múltiplas formas, integrando elementos cristãos, até mesmo muçulmanos; as músicas e as danças se perpetuaram, com frequência clandestinamente, bem como as práticas medicinais à base de plantas. A própria formação das línguas crioulas traduziu a recusa de assimilar a identidade dos senhores e foi um meio de se comunicar sem ser compreendido por eles. Essas formas imateriais da rejeição do escravo ao seu *status* de desenraizado à força perdurariam em muitas sociedades depois do fim da escravidão, em Cuba, no Haiti, no Brasil ou na Jamaica.[7]

Esse panorama é bastante incompleto, mas a lembrança desse componente maior do processo de resistência à escravidão, enraizado no âmago dos seres humanos transformados em "bens móveis", é indispensável para compreender o longo processo de destruição da escravidão. O movimento abolicionista, surgido nas metrópoles coloniais ao longo do século XVIII, não podia ignorar essas múltiplas formas de resistência à escravidão implantada a partir da deportação de seres humanos arrancados de suas sociedades e que repousava ex-

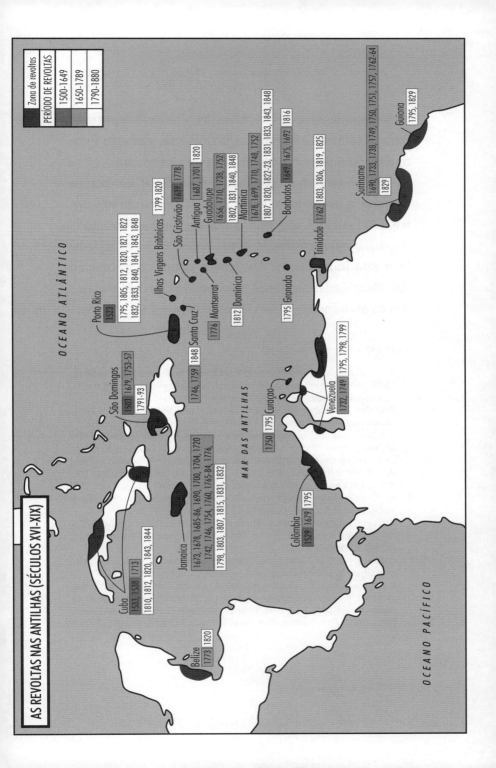

clusivamente em um critério racial: o escravo deportado para as colônias é sempre negro. Essa racialização é um fenômeno único na longa história da escravidão.

Nenhuma das rebeliões de escravos conseguiu destruir a escravidão, exceto a de São Domingos, entre 1791 e 1803, que impôs inicialmente a abolição e, depois, a independência. Ainda assim, é essencial lembrar sua importância, duração e papel na afirmação das identidades africanas no contexto das colônias dos Novos Mundos.

NOTAS

[1] A. de Gasparin, pronunciamento na Câmara dos Deputados, abril de 1845. Sobre os projetos de lei do barão Mackau, ministro da Marinha, extraído do *L'Abolitioniste français*, nº 7, julho de 1845.

[2] Ver *infra*, "A rebelião dos escravos de São Domingos e a primeira abolição da escravatura (agosto de 1791–4 de fevereiro de 1794)", p. 73.

[3] A organização metodológica sobre as resistências à escravidão foi elaborada por Jean-Pierre Le Glaunec, em "Résister à l'esclavage, aperçu historiographique, hypothèses et pistes de recherche", *Revue d'histoire de l'Amérique française*, nº 1-2 (2017), pp. 13-33. Uma organização historiográfica muito completa é oferecida nesse artigo.

[4] Ver C. Oudin-Bastide, *L'Effroi et la Terreur. Esclavage, poison et sorcellerie aux Antilles*, Paris, La Découverte, 2013.

[5] Ver, dentre outros estudos, S. Moussa (Dir.), *Littérature et esclavage*, Paris, Desjonquères, 2010; ver também M.-C. Rochmann, *L'Esclave fugitif*, Paris, Karthala, 2000.

[6] Citado por J.-P. Le Glaunec, em "Résister à l'esclavage, aperçu historiographique, hypothèses et pistes de recherche", art. citado, p. 29.

[7] O exemplo mais claro da longa persistência das culturas africanas nas sociedades pós-escravagistas se encontra no Brasil; ver o catálogo da exposição de 2005 do Museu Dapper, em Paris: C. Falgayrettes-Leveau (Dir.), *Brésil, l'héritage africain*, Paris, Éditions du musée Dapper, 2005.

AS CONTESTAÇÕES AO TRÁFICO E À ESCRAVIDÃO

ANTIESCRAVISTAS, ABOLICIONISTAS, REFORMADORES COLONIAIS

Antes de entrar no cerne da questão, convém esclarecer o vocabulário empregado: antiescravista e antiescravismo, de um lado, e abolicionista e abolicionismo do outro, não são termos equivalentes, mesmo que haja uma continuidade entre eles. Em sentido estrito, não se pode ser abolicionista sem ser antiescravista, mas há uma diferença qualitativa de um vocábulo a outro. Os antiescravistas "limitam" de certo modo sua ação a uma condenação moral da escravidão, que pode ser religiosa, ética ou econômica, mas não preveem solução, nem modalidades de transformação da sociedade escravagista em uma sociedade baseada no trabalho livre. Em contrapartida, o abolicionismo é um ato político que prevê modalidades concretas de abolição e até mesmo o tipo de sociedade que se criará uma vez finda a escravidão.

Desse modo, uma coisa é condenar o princípio da escravidão, outra é indicar uma saída e o tipo de sociedade que surgirá após a escravidão. A organização da sociedade pós-escravagista se tornou a grande questão dos abolicionistas, e as distinções e os conflitos se deram sobre as diferentes opções do período posterior. Então, podemos nos ater à distinção entre o antiescravismo, que estabelece as bases da condenação de um sistema, e o abolicionismo, que dá um passo a mais e propõe as modalidades da própria abolição, além de prever as formas de transição entre a época do trabalho forçado e a do trabalho livre.

Outra questão terminológica deve ser previamente discutida: qual a diferença entre um abolicionista e um reformador? Nelly Schmidt publicou uma importante obra sobre esse tema, centrada quase exclusivamente no século XIX. Mas sobre esse ponto há uma grande continuidade entre os séculos XVIII e XIX: a lógica dos reformadores coloniais, numerosos no Antigo Regime* e na primeira metade do século XIX, era geralmente de manutenção da escravidão, pelo menos a curto prazo; eles propunham "arranjos", não a destruição radical. Porém, na maioria das vezes, seus projetos reformadores se chocaram com oposições veementes por parte dos defensores do sistema, que tinham quase sempre uma posição conservadora intransigente: o sistema da escravidão forma um todo coerente, e qualquer reforma, mesmo marginal, levará à sua rápida destruição.

A perspectiva dos abolicionistas, ao contrário, era a destruição da escravidão, e eles imaginavam o futuro das colônias sem escravos. Havia abolicionistas "moderados" – na verdade, os mais numerosos –, que consideravam uma abolição apenas por etapas, e abolicionistas "radicais" – isolados por muito tempo –, que recusavam a ideia de um fim progressivo da escravidão, considerando que, entre a servidão e a liberdade, não poderia haver categorias jurídicas intermediárias. Para além das divergências relativas ao ritmo do fim da escravidão, todos os abolicionistas compartilhavam um projeto comum: para eles, uma sociedade colonial sem escravos era não somente possível, mas desejável; essa era a única maneira de manter as colônias existentes e também de criar novas. Assim, na grande família dos abolicionistas, o leque de

---

* N.T.: O Antigo Regime foi a organização política, econômica e social que vigorou na França entre o século XVI e a Revolução de 1789.

opções ia dos radicais, que julgavam que se devia abolir de uma só vez a escravidão, passava pelos "gradualistas", que pensavam que se aboliria necessariamente por etapas, até aqueles que julgavam que não haveria abolição, mas que a escravidão se extinguiria sozinha graças a medidas tomadas, imaginando assim o fim da escravidão por extinção, sem choques, sem crises e sem violência, e evitando todo decreto de abolição.

Essa teoria da extinção da escravidão se encontra explicitamente desenvolvida no longo discurso preparado por Mirabeau e seu grupo, entre agosto de 1789 e março de 1790, no qual ele propõe à Assembleia Constituinte votar a abolição do tráfico, em um acordo franco-inglês. Mirabeau, que na época mantinha relações quase diárias com Thomas Clarkson, seguia bem de perto os conselhos do ilustre abolicionista inglês, expondo a tese de um fim gradual da escravidão assim que o tráfico fosse proibido. Sem julgar a pertinência desses esquemas mais ou menos otimistas, todos eles fazem parte do movimento abolicionista porque imaginam o futuro das colônias sem escravos. Essa rejeição à escravidão como único modo possível de trabalho nas colônias tropicais introduzia uma diferenciação radical em relação aos reformadores anteriormente evocados, que, ao contrário, estabeleciam um vínculo consubstancial entre colonização e escravidão e afirmavam a impossibilidade de colônias sem escravos, ao menos na zona tropical.

Entre esses dois encaminhamentos, a ruptura intelectual fundamental repousava em uma visão antropológica radicalmente diferente. No século XVIII, os abolicionistas eram minoritários e isolados, pois imaginar o futuro das colônias sem escravos era uma audácia muitas vezes denunciada como potencialmente contrária ao interesse nacional. Essa hegemonia do pensamento escravagista era resultado da propaganda incessante dos colonos e dos armadores, que denunciavam sistematicamente os abolicionistas como inimigos das colônias e, por conseguinte, da França. Foi o *leitmotiv* constante dos panfletos contra o movimento abolicionista desde sua origem histórica: a Sociedade dos Amigos dos Negros, na França, foi constantemente acusada de ser instrumento nas mãos da Inglaterra para destruir o poder colonial francês. Lembremos, por exemplo, o título da brochura, publicada pelos colonos e armadores, destinada a denunciar publicamente os deputados da Assembleia Constituinte que haviam votado a favor do decreto que concedia igualdade de direitos políticos aos "livres de cor" das colônias, nascidos de pai e de mãe livres: *Lista dos deputados que votaram pela Inglaterra contra a França para saber se a França sacrificaria ou não suas colônias: sim ou não. 12 de maio de 1791.*

AS ORIGENS DO ANTIESCRAVISMO

Feita essa recapitulação, vale estabelecer, em grandes linhas, os fundamentos do antiescravismo e do abolicionismo no Século das Luzes.

Lembremos, de início, a impossibilidade de nos atermos a um contexto estritamente nacional, pois uma das constantes do movimento antiescravista foi uma inserção imediata em um movimento internacional, cosmopolita por essência: já que a escravidão em si não tinha fronteiras, a luta contra esse sistema supunha uma ação conjunta dos antiescravistas de todos os países envolvidos. Assim, o ponto de partida daqueles que almejavam lutar contra a escravidão era ignorar as fronteiras. O movimento antiescravista foi então uma das primeiras, senão a primeira, organizações concebidas em escala internacional, mais ou menos como certas ordens religiosas – os jesuítas, por exemplo – haviam se proclamado acima dos Estados.

Quais são as raízes do antiescravismo, que vai culminar quase diretamente no abolicionismo? Pode-se distinguir, de forma um tanto esquemática, duas fontes do antiescravismo: uma mais presente na Inglaterra e a outra na França, mas sem perder de vista a existência de influências cruzadas incessantes entre esses países.

Por um lado, houve um antiescravismo de essência cristã, cuja origem filosófica era o que se poderia chamar de igualitarismo evangélico, fundado no Gênesis, em que se afirma que um casal primitivo, Adão e

Eva, do qual provêm todos os homens, é a origem da humanidade; consequentemente, por sua origem única, a humanidade inteira vem da mesma fonte primitiva, o que condena já de início toda ideia de hierarquia entre as raças humanas, toda forma de exploração de uma enquanto tal pelas outras. Essa concepção igualitária e unitária da espécie humana eliminava, assim, as justificativas da "escravidão por natureza", ainda utilizadas no século XVIII, que se baseavam no pressuposto da desigualdade entre os diferentes ramos da espécie humana, ou na maldição de Cam,* que, embora extraída da própria Bíblia, partia de uma exegese contestável. Segundo os antiescravistas do século XVIII, a suposta legitimidade de tais argumentos não pode resistir ao texto sagrado fundador – o Gênesis –, que proclama explicitamente a origem única da humanidade. A famosa controvérsia de Valladolid,** em meados do século XVI, não havia reconhecido a humanidade dos indígenas da América contra a tese dos espanhóis, que os colocavam à margem da espécie humana? Isso significava afirmar a tese do monogenismo, refutando as teorias poligenistas que começavam a se difundir.

---

* N.T.: Após se embriagar e ser visto nu por seu filho Cam, Noé o amaldiçoa e também a seu neto, Canaã, a serem escravos dos demais (Gn. 9. 18-27). A versão de que a linhagem de Cam teria se estabelecido na África é uma das justificativas para o escravismo da Idade Moderna.

** N.T.: Debate político e religioso, ocorrido em 1550 e 1551, no Colégio de São Gregório, em Valladolid (Espanha), para definir a forma mais justa da conquista das Américas e do tratamento dado aos indígenas.

Essa corrente de igualitarismo de inspiração evangélica foi dominante na Grã-Bretanha e nos Estados Unidos. Nesses países, as primeiras correntes antiescravistas surgiram nas igrejas dissidentes da Igreja anglicana. Essa origem religiosa permaneceria uma característica do movimento antiescravista e, posteriormente, abolicionista inglês e americano até o século XIX, liderado por inúmeros pastores. O exemplo dos *quakers* ilustra perfeitamente esse igualitarismo evangélico: eles foram os primeiros a proibir seus membros de praticar a escravidão no território da Pensilvânia, fundada por eles. Mesmo que, nesse território que contava pouquíssimos escravos, a escravidão nunca tivesse sido o centro da economia, ao menos o princípio afirmava claramente: não se pode ser *quaker* e dono de escravos ao mesmo tempo.[1]

A outra origem do antiescravismo, que não se opõe necessariamente à primeira, mesmo que elas pouco coincidam na prática, é o que se poderia chamar de "antiescravismo de direito natural". Essa corrente esteve essencialmente na base do antiescravismo francês. Para essa corrente de pensamento característica do Iluminismo, o direito natural funda a igualdade entre os homens sobre a igualdade natural; o exemplo mais típico se encontra em Diderot, mas também em Raynal ou Voltaire, embora este tenha optado pelo poligenismo devido à recusa da explicação bíblica da origem do mundo. Um dos teóricos mais radicais do antiescravismo francês, Condorcet, baseava esse radicalismo na afirmação, para ele central, da igualdade de natureza entre todos os seres humanos, homens ou mulheres, brancos, negros, indígenas ou chineses...

Com esses autores, temos referências não cristãs, mas que chegam ao mesmo resultado: a convicção da igualdade fundamental entre os homens de qualquer "raça", de qualquer cor, de qualquer aparência física. É nesse postulado da igualdade natural entre os homens que se funda essa corrente do antiescravismo: as diferenças de estágio de desenvolvimento das sociedades humanas em um dado momento não se devem à desigualdade de natureza entre os homens, mas resultam de múltiplas causas históricas. Dessas diferenças não decorre absolutamente o direito, para as sociedades mais avançadas nos conhecimentos científicos e nas "artes úteis" – isto é, na economia –, de reduzir as outras à escravidão. Essa convicção fundamental de que os homens são os mesmos por toda parte, dotados das mesmas potencialidades, resulta na teoria da perfectibilidade indefinida da mente humana e, por consequência, do progresso ilimitado de todas as sociedades humanas, desde que as mais avançadas não dominem as outras pela violência e pela força. A síntese mais clara dessa convicção será oferecida por Condorcet no *Esboço de um quadro histórico dos progressos do espírito humano* (1793, publicado postumamente, em 1795).

Assim, duas correntes fundaram o antiescravismo no século XVIII. Elas podem coexistir em um mesmo autor, como é o caso do abade Grégoire, sacerdote católico que manteve sua posição plenamente assumida ao longo de toda sua vida – mesmo que tenha sido excomungado e rejeitado da Igreja de Roma – e que defendia explicitamente, ao mesmo tempo, o direito natural. Grégoire foi uma espécie de síntese das duas correntes do antiescravismo do século XVIII e também marcou a continuidade de uma geração à outra, visto que teve a chance de sobreviver por muito tempo às perturbações dos anos revolucionários. Em sua morte, em 1831, a segunda geração já estava formada e pudera acompanhá-lo, conhecê-lo e proclamar-se sua herdeira.

Neste momento, um ponto importante precisa ser ressaltado: o surgimento de um pensamento antiescravista no século XVIII foi uma ruptura histórica. Pela primeira vez na história humana, desenvolvia-se uma reflexão filosófica, ética ou religiosa, baseada na afirmação da unidade da espécie humana, que levava a uma condenação do próprio princípio da existência da escravidão, cuja prática é atestada em quase todas as sociedades humanas e nunca fora condenada enquanto tal. Dessa maneira, a Europa foi a primeira a formular uma condenação filosófica, religiosa e econômica da escravidão, e isso no exato momento em que seus próprios Estados – pelo menos os mais poderosos – a praticavam em uma escala provavelmente desconhecida por todas as sociedades escravagistas dos séculos anteriores.

AS CONTESTAÇÕES AO TRÁFICO E À ESCRAVIDÃO

De fato, na trajetória do antiescravismo para o abolicionismo, essa primeira etapa ocorreu até o início dos anos 1770. Durante essa fase, constituiu-se progressivamente um *corpus* de condenações da escravidão e do tráfico que se poderia qualificar de filosófico. Essa fase contesta o próprio princípio da escravidão, ruptura fundamental na história das ideias: os pensadores da Antiguidade, assim como os do cristianismo primitivo ou da Idade Média, jamais haviam contestado a legitimidade da escravidão como prática social e econômica. Nem o Antigo nem o Novo Testamento condenam a redução dos povos vencidos na guerra à escravidão, mas a apresentam como uma prática que poupava a vida dos vencidos que o direito da guerra permitia matar. Só se condenavam os maus-tratos infligidos aos escravos. Assim, o século XVIII foi o momento histórico chave em que, pela primeira vez, a escravidão foi questionada em si mesma e não mais apenas em seus "excessos".

Nesse contexto, o escrito emblemático, verdadeira síntese dos argumentos que serão incansavelmente retomados a partir dele, é o famoso capítulo "Da escravidão dos negros", da obra *Do espírito das leis*, de Montesquieu, publicada em 1748. Nesse capítulo, com uma ironia feroz frequentemente pouco compreendida hoje em dia, o autor destrói em poucas palavras os principais argumentos dos defensores da escravidão. A conclusão do capítulo condena sem apelação o papel dos Estados na organização desse tráfico de seres humanos:

> Pequenos espíritos exageram demais a injustiça que se faz aos africanos. De fato, se ela fosse o que dizem, não teria vindo à mente dos príncipes da Europa, que estabelecem tantas convenções inúteis entre si, criar uma convenção geral em favor da misericórdia e da piedade?

Sob a pena mordaz de Montesquieu, todas as justificativas da escravidão são destruídas: a geopolítica das monarquias, os interesses do comércio e a posição da Igreja, que jamais condenara a escravidão enquanto instituição. Esse capítulo de Montesquieu é, assim, o primeiro texto que reúne a argumentação desenvolvida antes dele e que será amplamente retomada sem que novos elementos surjam até os anos 1770. Foi durante essa primeira etapa que se construíram argumentos filosóficos, religiosos, morais ou éticos que levaram a uma condenação da escravidão em si.

A literatura antiescravista foi, a partir desse momento, extremamente abundante – vai dos maiores autores do século até uma miríade de autores secundários hoje quase esquecidos – e levantou os fundamentos teóricos do antiescravismo, que não poderão ser contestados. Todavia, convém salientar que, durante esse período, os autores que condenaram firmemente a escravidão não propuseram nada para acabar com ela. Suas propostas não alcançavam o campo político, de modo a entrever o futuro das sociedades coloniais sem a escravidão. Em outras palavras, embora a condenação moral da escravidão tenha constituído uma incontestável ruptura intelectual, ela não se inseria numa perspectiva política de quebra com uma prática que, no entanto, era denunciada como contrária aos direitos inalienáveis do ser humano, ou seja, a plena propriedade de sua pessoa.

A multiplicação dessas condenações da escravidão ao longo do século XVIII é um paradoxo que pode causar surpresa: os países da Europa mais envolvidos na escravidão colonial – Inglaterra, França, Países Baixos – e os Estados Unidos desenvolveram, no próprio apogeu dessa prática, uma doutrina que levava à sua condenação radical. Deve-se atribuir ao desenvolvimento econômico, ele mesmo resultado das colônias de escravos, essa aparente contradição no cerne das sociedades mais avançadas da Europa? A consequência dessa prosperidade sem precedentes históricos da Europa ocidental não foi, dentre outras, o triunfo do individualismo como valor supremo, colocando o ser humano (e não mais o corpo social e o Estado) no centro de todas as preocupações? Isso não significava, a curto prazo, excluir dos valores humanos o direito de reduzir à escravidão um outro indivíduo com potencialmente os mesmos direitos?

A essa mudança dos valores morais veio se acrescentar, em uma complementaridade perfeita, a dimensão econômica: o objetivo da vida se tornava a busca do enriquecimento máximo por meio do individualismo econômico, do livre empreendimento e da economia de mercado, baseada na divisão do trabalho. Nessa nova visão da economia, a escravidão passava ser um obstáculo a essas mudanças. Assim, o desenvolvimento da Europa – que se devia em parte à própria prosperidade colonial – culminava na superação do modo de valorização das colônias pelo trabalho forçado, introduzindo o trabalho assalariado livre, a divisão do trabalho e a mecanização de uma parte crescente das tarefas. Foi nesse contexto de surgimento da nova economia política que a crítica "economicista" da escravidão se desenvolveu e enriqueceu a argumentação filosófica do antiescravismo, acrescentando-lhe uma dimensão decisiva: o fim da escravidão não seria o fim das colônias e a ruína das metrópoles, mas permitiria, ao contrário, um aumento de prosperidade e a fundação de novas colônias, organizadas a partir de relações de igualdade entre os povos.

De fato, a partir do final dos anos 1750, desenvolveram-se novas correntes do pensamento econômico centradas na fisiocracia, após a publicação, em 1758, do *Tableau économique* (Quadro econômico), de François Quesnay, ou seja, dez anos depois de *Do espírito das leis*. Com o desenvolvimento da fisiocracia, lançava-se um novo olhar sobre a escravidão, cada vez mais denunciada como uma forma arcaica e pouco produtiva de trabalho humano. Em nome da nova racionalidade econômica, baseada na lei da oferta e da procura

AS CONTESTAÇÕES AO TRÁFICO E À ESCRAVIDÃO

e que implicava a existência de um mercado de mão de obra assalariada e livre e aberto à concorrência, o trabalho forçado foi rejeitado. Alguns autores assumiram essa condenação econômica da escravidão. Todos propuseram, com o tempo, a transição para o trabalho assalariado nas colônias açucareiras e o fim do tráfico, considerando o desenvolvimento da África por meio da fundação de "estabelecimentos" europeus, isto é, novas formas de colônias.

Desse modo, o novo pensamento econômico do século XVIII avançou nos anos 1750 e convergiu com a posição dos filósofos para condenar a escravidão: os "liberais", ou aqueles que serão assim chamados, afirmaram que a escravidão era uma forma de trabalho ultrapassada, arcaica e pouco produtiva. Segundo a fórmula de Adam Smith, "a mão livre fecunda melhor do que a mão escrava"; em outras palavras, o trabalho livre é superior ao trabalho forçado. Esse raciocínio econômico, bem conhecido hoje, desenvolveu-se com certeza no século XIX, mas suas primeiras formulações vêm dos meios fisiocráticos do final dos anos 1750, de autores como Dupont de Nemours, do marquês de Mirabeau, do abade Baudeau ou de seus sucessores imediatos, como Turgot e Condorcet, para quem o fundamento do antiescravismo é o direito natural, mas igualmente e, sobretudo – e isso não é contraditório –, a racionalidade econômica, que eles almejam, condenando a "irracionalidade econômica" da escravidão e, sobretudo, do tráfico. Essa lógica "produtivista" os levava a exigir seu fim, por etapas, é verdade, mas em um horizonte próximo.

As principais elaborações de Smith sobre a não produtividade da escravidão se encontram nos livros III e IV de sua obra *A riqueza das nações*. Os fisiocratas não condenaram unanimemente a escravidão, mesmo que essa corrente tenha sido dominante. Lembremos que um dos membros mais prestigiosos da escola, Lemercier de La Rivière, foi um defensor do trabalho forçado, concebido como perfeitamente adaptado às condições naturais das Antilhas. Ele próprio havia sido por muito tempo administrador da Martinica.

NOTA

[1] Para um panorama das concepções da escravidão no pensamento da Antiguidade e dos Pais da Igreja, ver P. Garnsey, *Conceptions de l'esclavage d'Aristote à Saint Augustin*, trad. A. Hasnaoui, Paris, Les Belles Lettres, 2004. Lembremos a famosa máxima de Aristóteles de que "desde o nascimento alguns são destinados à escravidão", formulada nestes termos: "Um ser humano que, por natureza, não se pertence, mas é o homem de um outro, esse ser é um escravo por natureza". Santo Agostinho não será diferente quando justificar a escravidão pelo pecado dos vencidos na guerra: "A primeira causa da servidão é, portanto, o pecado, que submete um homem a um homem; o que só acontece pelo julgamento de Deus, que não é capaz de injustiça e que sabe impor penas diferentes conforme a diferença dos culpados." Para o período da Alta Idade Média, ver Y. Rotman, *Les Esclaves et l'esclavage de la Méditerranée antique à la Méditerranée médiévale (VIe-XIe siècles)*, Paris, Les Belles Lettres, 2004.

SURGIMENTO E EXPANSÃO DO MOVIMENTO ABOLICIONISTA

De modo necessariamente esquemático, resumiremos o processo que levou à abolição da escravatura em três fases.

A primeira fase, anteriormente esboçada, viu a fundação das bases teóricas do antiescravismo.

No decorrer da década de 1770, operou-se uma virada maior, graças parcialmente a uma mudança geracional, mas também ao novo contexto criado pela Revolução Americana. Os grandes autores já haviam morrido ou produzido seus principais textos sobre o tema, excetuando Raynal e sobretudo seus "colaboradores", Diderot e Pechméja, que escreveram os textos mais radicais. Uma nova geração, nascida entre os anos 1740 e 1750, chegava à idade adulta e se apropriava do legado filosófico e intelectual da geração anterior dos precursores antiescravistas. Ela tentou entrever como "sair" da escravidão ou, pelo menos, prever as consequências do fim almejado da escravidão colonial.

Dois exemplos, citado por muitos autores, devem ser lembrados. O primeiro data de 1770, quando Louis-Sébastien Mercier publicou o prognóstico *L'An 2440, rêve s'il en fut jamais* (Ano 2440, sonho utópico). O narrador, o autor na verdade, desperta em um banco na Paris de 2440, exatamente sete séculos depois de seu nascimento, e narra ao leitor seu itinerário na Paris do século xxv, levando-o a descobrir uma cidade metamorfoseada pelos imensos progressos das "Luzes". Um capítulo é dedicado ao futuro da escravidão, com um título misterioso: "Um monumento singular". Com seu guia, o narrador chega a uma praça onde eles veem um monumento que inexistia na época de Luís xv: a estátua de um homem negro com a seguinte frase enigmática gravada no pedestal: "Ao vingador do Novo Mundo". O guia explica então ao homem que veio do século xviii o que aconteceu nas Américas desde sua época. Uma passagem de extrema violência retórica descreve, a seguir, a rebelião geral dos escravos, que destruiu todas as colônias europeias, libertou os escravos, matou os brancos e proclamou a independência das ilhas e do continente. É claro que, nessas páginas, somente a tinta corre, mas o sangue estava nas palavras, pois o guia explicava cruamente ao visitante vindo do século de Luís XV que, na sua época, os europeus eram bárbaros que haviam transportado milhões de africanos para a América para substituir os indígenas exterminados pelos espanhóis e, para ter açúcar, reduziram-nos a uma escravidão atroz. Em 2440, segundo Mercier, toda essa barbárie terá desaparecido, pois um homem se terá levantado entre os escravos e liderado a revolta de seus irmãos, liberando tanto as colônias quanto os escravos, todos os brancos terão sido massacrados, e a América se tornado então livre! Nascia o mito do "Spartacus negro", e sua posteridade foi longa.

É o primeiro exemplo de um texto que mostra que o fim da escravidão podia se dar por meio de uma revolta destinada a destruir um sistema, e que os europeus não podiam continuar indefinidamente "despovoando a África para repovoar a América", segundo a fórmula de Montesquieu. Era a primeira vez que um texto publicado na Europa afirmava que o sistema da escravidão terminaria com um grande massacre dos brancos, prelúdio a uma libertação tanto dos homens quanto dos territórios que formariam Estados soberanos nas mãos dos ex-escravos libertados por eles próprios.

O segundo exemplo é a primeira edição do grande livro do Abade Raynal, *Da história filosófica e política das possessões e do comércio dos europeus nas duas Índias*, publicado em 1771. Essa obra teve três edições sucessivas; a de 1780 foi a mais radical, pois condenava ao mesmo tempo a escravidão, o tráfico e a própria colonização. Lembremos que a força desse texto, em sua terceira edição, está nas contribuições de Diderot e Jean Pechméja, visto que Raynal não era o autor, mas o diretor dessa obra copiosa. Foi nesse volume de imenso sucesso que Diderot publicou seus textos mais radicais, mais violentamente antiescravistas e anticolonialistas.

Assim, com Mercier, de um lado, e o que se convencionou chamar de obra "Diderot-Raynal", de outro, temos dois exemplos que buscam demonstrar a seus contemporâneos que o fim da escravidão se dará pela violência da revolta e não por uma série de reformas que abram o caminho para sua extinção pacífica. Naturalmente, esses textos desencadearam vivas polêmicas e também perseguições aos autores, acusados de querer a extinção das colônias e o massacre dos colonos. Esses dois nomes foram, por muito tempo, objeto de ódio e de rancor nos meios coloniais, principalmente após a revolta dos escravos de São Domingos, em 1791, prelúdio à primeira abolição.

Entretanto, é possível fazer outra leitura desses textos: em vez de desejar as violências descritas, os autores não estavam lançando um grito de alerta aos dirigentes políticos para incitá-los a reformar o sistema da escravidão antes que a revolta tão temida se tornasse realidade? Não eram avisos destinados às classes dirigentes das sociedades coloniais? Desnecessário lembrar que esses livros não eram, evidentemente, destinados aos escravos, que, não sabendo ler, não tinham acesso a eles. Não seriam, portanto, manifestos que apelavam não à revolta, mas à reforma do sistema colonial, antes que a catástrofe anunciada fosse inevitável? Na realidade, é possível fazer uma leitura reformista de tais textos, não necessariamente revolucionária. De fato, ao mesmo tempo que profetizavam o apocalipse nas colônias, esses autores propunham soluções de abolições graduais para sair do sistema suavemente, por etapas. De certa forma, é para conjurar a revolta que ela é mostrada de modo apocalíptico. Essa interpretação é ainda mais plausível porque a sociedade colonial vivia no temor quase permanente das revoltas, cada vez mais numerosas na segunda metade do século XVIII, como em São Domingos, onde a grande rebelião de Makandal – no final dos anos 1740 – aterrorizou a ilha por vários anos, prolongando-se sua memória até a Revolução. Quando os escravos se revoltaram novamente em São Domingos, em 1791, era Makandal, ou seu fantasma, que voltava, tanto para os colonos quanto para os escravos.

A etapa seguinte foi, de certo modo, o apogeu lógico das reflexões que haviam amadurecido por mais de trinta anos: é certo que a escravidão é condenada tanto pela filosofia quanto pela economia, mas se mostra muito perigoso permitir revoltas capazes de causar destruições nas colônias.[1]

Foi nessa lógica que, já nos anos 1770, na América do Norte, e nos anos 1780, na Inglaterra e na França, criaram-se as primeiras sociedades antiescravistas. Elas, sim, terão verdadeiros projetos políticos, constituindo a terceira etapa do movimento antiescravista, que passava a ser então um movimento realmente abolicionista a partir do momento em que se propunham soluções políticas, concebidas em escala internacional.

Em 1775, a primeira sociedade antiescravista foi fundada na Filadélfia, sob a égide do próprio Benjamin Franklin, durante a afirmação da independência americana. Esse movimento ligado à independência se atenuou durante a guerra contra a Inglaterra, mas, feita a paz em 1783, suas atividades retomaram e o norte da América do Norte (Filadélfia, Boston, Baltimore, Nova York...) viu multiplicarem as sociedades antiescravistas. Porém – fato marcante –, nenhuma sociedade desse tipo surgiu nos estados do Sul. O longo relatório de Brissot sobre as sociedades antiescravistas americanas, publicado em 1789, quando retornou de uma viagem financiada pelos Amigos dos Negros, esquecia de assinalar que, nos lugares onde havia escravos, não existiam sociedades antiescravistas! Em outras palavras, nessa época, a separação entre o Norte e o Sul era perceptível nos novos Estados Unidos.

SURGIMENTO E EXPANSÃO DO MOVIMENTO ABOLICIONISTA

Em razão dessa anterioridade das fundações de sociedades abolicionistas nos Estados Unidos, os antiescravistas franceses e ingleses acreditaram por muito tempo, pelo menos até a Revolução Francesa, que o processo de destruição da escravidão começaria nos Estados Unidos. A força da Declaração de Independência e da Declaração dos Direitos que a acompanhava pareciam extinguir a própria escravidão. Na Europa, não se imaginava que aqueles que se chamava de "americanos livres" haviam concebido a liberdade apenas para si mesmos, sem querer estendê-la aos negros.

Depois, em Londres, formou-se a primeira sociedade antiescravista na Europa, ponto de partida de um movimento de longa duração que fará da capital inglesa o coração do movimento antiescravista em boa parte do século XIX. A partir de então, os panfletos, as brochuras, os arrazoados mais radicais e mais audaciosos são redigidos na Inglaterra e exportados. Muitos dos textos divulgados na França, no final dos anos 1780, eram, na realidade, traduções ou adaptações de textos ingleses, sobretudo o material de luta contra o tráfico e, em primeiríssimo lugar, o famoso cartaz do navio negreiro The Brookes, que originou um forte movimento de protesto em amplos setores da opinião pública europeia. Esse navio se tornou o símbolo dos horrores da escravidão, sobretudo do tráfico. Esse tema foi retomado pelos artistas ao longo de todo o século XIX e também no século XX, em um movimento memorial crescente.

O momento-chave do nascimento do movimento abolicionista na Inglaterra foi a fundação, em abril de 1787, do Comitê pela Abolição do Tráfico, cujos fundadores emblemáticos foram William Wilberforce e Thomas Clarkson. Nesse momento, a Sociedade Abolicionista inglesa lançou uma vasta campanha, apoiada por petições assinadas por dezenas de milhares de cidadãos, visando a obter do Parlamento de Londres o voto de uma *bill* [proposta] proibindo o tráfico aos súditos do Reino Unido. Entretanto, a esse vasto movimento se opôs uma campanha muito eficaz, em julho de 1789, de representantes do comércio, da marinha e das colônias, que levou ao recuo da maioria dos deputados da Câmara dos Comuns, que preferiram manter o *status quo* colonial. Por cerca de vinte anos, a iniciativa abolicionista deixou Londres e se deslocou para a França, onde as mudanças radicais da Revolução Francesa abriam novas perspectivas ao combate à escravidão e contribuíam para afastar dele aqueles que logo viram nessa revolução um perigo para a ordem social e para o equilíbrio das potências europeias.

Assim, um terceiro polo do movimento antiescravista se formou em Paris, pouco antes do início da Revolução, em 19 de fevereiro de 1788, com a criação da já mencionada Sociedade dos Amigos dos Negros. Seus principais fundadores foram Jacques-Pierre Brissot – publicista conhecido pelos posicionamentos radicais e

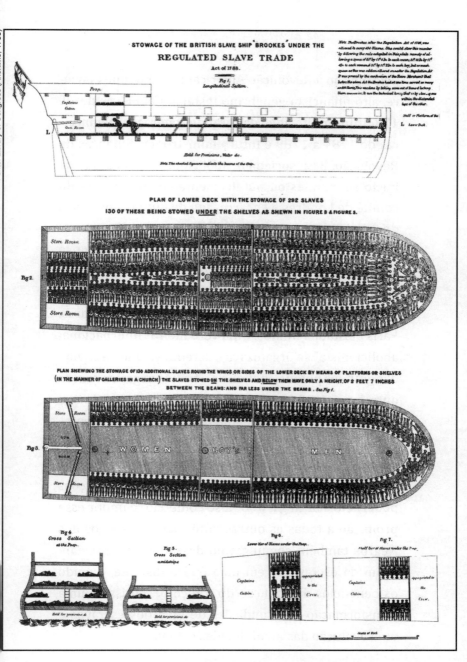

Cartaz retratando a parte interna do navio negreiro The Brookes, demonstrando as acomodações e as condições impostas durante o tráfico dos escravos.

pela adesão à Revolução Americana – e Étienne Clavière, alto financista genebrino instalado em Paris desde 1784, ator muito ativo das grandes operações financeiras de 1784 a 1789 e futuro ministro das Finanças da Revolução. Essa sociedade abolicionista francesa já de início se manifestou publicamente como herdeira do comitê de Londres e encarregada de difundir os ideais dos abolicionistas ingleses e americanos na França.

Foi então uma organização internacional que se estabeleceu, baseada em três "polos" – Estados Unidos em formação, Reino Unido e França –, com trocas de informação e circulação dos membros entre Londres, Paris e Estados Unidos. Uma verdadeira "Internacional abolicionista" se organizava e acreditava que nenhuma das grandes potências aboliria o tráfico negreiro sem as outras, pois cada uma delas estava convencida de que sua riqueza e poder dependiam de suas colônias açucareiras. Nessa lógica de concorrência internacional exacerbada, o primeiro que abolisse serviria à causa dos outros. Somente uma ação concertada entre as nações poderia tornar ilegal o "odioso comércio" e impor essa proibição a todas as outras potências. Os Amigos dos Negros também comungavam dessa lógica e previam o fim da escravidão em uma época distante, quando os benefícios da abolição do tráfico permitissem uma transformação das condições de vida dos escravos e uma evolução das mentalidades coloniais.

Portanto, essas sociedades antiescravistas haviam se tornado abolicionistas: seu programa previa que o fim da escravidão era o objetivo a longo prazo e que as colônias deviam se imaginar sem ela. Mas convém ressaltar que nenhuma dessas sociedades considerava uma abolição imediata: não se previa uma "reviravolta" em que se proclamaria publicamente que não haveria mais escravos a partir da homologação de um decreto ou de uma lei vindos da metrópole. Em oposição a esse esquema, radical, todos propunham, ao contrário, projetos bem justificados de um fim gradual. O gradualismo era a regra e podia estender o processo de abolição por uma, duas, até três gerações. Os adultos continuariam sendo escravos. Para eles, não havia saída possível, mas uma política de melhoria de suas condições de vida e de trabalho. A alforria era inconcebível e só atingiria as gerações futuras.

Um dos dispositivos-chave previstos por esses projetos consistia em favorecer as alforrias, que eram cada vez mais desencorajadas pela legislação colonial, principalmente devido ao tributo que um proprietário devia pagar para alforriar um escravo. Os projetos das sociedades abolicionistas, ao contrário, propunham a supressão do tributo para que a proporção dos "livres de cor" aumentasse progressivamente na população total das colônias, o que reduziria a proporção de escravos até que não passasse de uma porção "residual" na sociedade colonial. Esse projeto era claramente formulado por

Clarkson, para quem o decreto de abolição da escravatura seria afinal totalmente inútil, até perigoso. Era preciso simplesmente fazer tudo para que a escravidão se extinguisse, de modo que, em um dado momento, não tão distante, só houvesse uma escravidão residual, sem grande importância econômica, fadada à extinção natural.

Esse gradualismo repousava em dois temores: de um lado, um medo social da desordem e da anarquia, que resultaria da libertação súbita de uma imensa população, inapta à autonomia por ter sido desde sempre reduzida à servidão. Uma vez liberadas, o que fariam essas populações despreparadas para a liberdade? Impunha-se então uma certeza, inclusive para os abolicionistas: estes "novos libertos" deixariam as *plantations* para roubar, pilhar, matar. A fim de neutralizar esse medo de depredação e de desordem, era necessário, portanto, prever etapas entre escravidão e liberdade. De outro lado, era grande o temor de ver uma brusca abolição provocar a ruína das colônias, cuja economia se apoiava exclusivamente na escravidão e não podia ser reconvertida imediatamente. Nessa perspectiva, somente a passagem progressiva da escravidão à liberdade tornaria possível uma transição entre uma economia escravista e uma economia do trabalho assalariado livre, baseada no mercado da oferta e da procura de mão de obra. Para certos abolicionistas, o projeto consistia em transformar os escravos em servos de gleba, a partir do modelo da

Europa oriental, antes de fazer deles assalariados, habituando-os ao regime da liberdade.

Em contrapartida, embora a abolição imediata da escravatura fosse rejeitada com temor, preferindo-se o gradualismo, as sociedades abolicionistas americanas, inglesas e francesas defendiam a abolição imediata do tráfico; inclusive o comitê de Londres se denominara "Comitê pela Abolição do Tráfico". Esse combate foi, consequentemente, central no ativismo dos abolicionistas desde o final do século XVIII, opção que permanecerá no cerne do movimento no século XIX, ao menos até a metade da década de 1830, quando a aplicação da proibição do tráfico – consagrada pelo tratado internacional de Viena, em 1815 – tornou-se efetiva por quase toda parte. Todavia, isso não excluía a continuidade de um tráfico ilegal e clandestino em direção às grandes concentrações de escravos das Américas, como Cuba, Brasil ou Estados Unidos.

Além dos inúmeros textos denunciando os horrores desse tráfico de seres humanos, a propaganda pela imagem foi extremamente poderosa. Esse recurso parecia, de fato, o mais pertinente para atingir a opinião pública, sobretudo os que não sabiam ler. Por exemplo, os perigos de uma revolta de escravos foram mostrados ao público através do livro de Gabriel Stedman, que relatava a revolta dos negros do Suriname e o horror da repressão. As ilustrações de William Blake foram muito difundidas em toda a Europa, com versões em holandês, italiano, inglês e francês: havia cópias em preto e branco e a cores. A circulação dessas imagens provocou a indignação do público e contribuiu bastante para impulsionar a causa abolicionista.

A ilusão de uma extinção da escravidão foi, talvez, uma das grandes utopias do final do Século das Luzes e do início do século XIX. O postulado de que abolir o tráfico bastaria para destruir progressivamente a escravidão não se verificou em lugar algum: não há nenhum exemplo de sociedade escravagista que tenha desaparecido por ter cortado brutalmente o abastecimento de novos escravos. O tráfico foi abolido em 1807, na Inglaterra, e em 1808, nos Estados Unidos, mas isso não levou ao fim da escravidão, que durou até 1865 neste país, e nada permite afirmar que ela estava em declínio – pelo menos quantitativamente – quando foi abolida pela Inglaterra em 1833, pois o número de escravos aumentara constantemente desde 1807. O mesmo aconteceu no Brasil, onde a escravidão só foi abolida em 1888, bem depois da abolição do tráfico. Assim, mesmo considerando os tráficos ilegais e clandestinos, a escravidão sobreviveu à suspensão do abastecimento: logo se instalou uma dinâmica interna, que incitava a uma forte natalidade, o que permitia não apenas manter o contingente servil, mas aumentá-lo de modo espetacular.

O tráfico negreiro com destinação ao Brasil, feito quase exclusivamente por Portugal, foi, de longe, o maior

Fonte: *Narrative of five years expedition against the revolted negroes of Surinam*, 1796

A repressão aos escravos no Suriname pelo olhar
de William Blake, no livro de John Gabriel Stedman.

de todo o tráfico atlântico: este país transportou mais de 4 milhões de cativos africanos, quase todos vendidos ao Brasil. Angola, Golfo da Guiné e Moçambique, na costa leste da África, foram as principais zonas de recrutamento.

O tráfico ilegal continuou entre 1829 e 1850 e trouxe ao Brasil mais de 50 mil novos escravos por ano. Ora, paradoxalmente, essa escravidão maciça não produziu movimentos antiescravistas e abolicionistas precoces importantes, ainda que as revoltas e a marronagem tenham sido frequentes e amplas: a multiplicação dos quilombos foi um dos componentes onipresentes da sociedade brasileira e, hoje, da memória coletiva. Essa dissonância tem duas causas: por um lado, neste novo país, cuja independência (1822) foi proclamada não por um movimento nacional autônomo, mas pelo herdeiro do rei de Portugal refugiado no Rio de Janeiro para fugir da invasão napoleônica (1808), a constituição de uma elite externa aos meios econômicos ligados à escravidão foi tardia; por outro, a escravidão era considerada "natural", pois estava presente em todas as camadas de uma sociedade marcada pelos valores de hierarquia e de desigualdade, fortemente estruturada por uma Igreja católica bastante conservadora e ela própria proprietária de escravos. Os numerosos desenhos e quadros de Jean-Baptiste Debret, que esteve no Rio de Janeiro entre 1816 e 1831, mostram uma profusão de cenas do cotidiano urbano onde se vê que apenas os escravos trabalham e

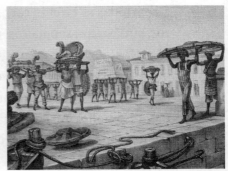

Cenas urbanas de trabalhadores escravos no Rio de Janeiro.
Gravuras de Jean-Baptiste Debret, pintor francês
que viveu no Brasil entre as décadas de 1810 e 1830.

Fonte: Litografias de Thierry Frères

fazem todas as tarefas: carregadores de água, cabeleireiros, jardineiros, sapateiros, padeiros...

Nesse contexto particular, um movimento que questionasse a existência da escravidão só podia ser tardio e tímido, mesmo que a repercussão dos movimentos abolicionistas britânicos ou franceses sobre o tráfico não fosse totalmente ignorada, sobretudo desde 1815.

É claro que condenações "morais" da escravidão haviam sido feitas por intelectuais em momentos-chave do nascimento da nação como país independente, mas permaneceram isoladas e demoraram a se traduzir politicamente. Cita-se, com frequência, o discurso que José Bonifácio de Andrada pronunciou, em 1823, na Assembleia Constituinte da independência do Brasil, e no qual ele qualificava a escravidão de "câncer mortal que ameaçava os fundamentos da Nação".

Para ver o início de um movimento abolicionista, será preciso esperar a década de 1850 e as sucessivas leis de limitação do tráfico e, em 1856, de proibição. Porém, ainda nesse período, somente alguns políticos se posicionavam; embora influentes, não concebiam uma ação organizada como as sociedades abolicionistas inglesas ou francesas desde o fim do século XVIII.

O nascimento de um abolicionismo organizado não ocorreu antes do início dos anos 1880, isto é, em um momento em que a escravidão fora abolida em qua-

Os periódicos abolicionistas foram armas importantes no Brasil, trazendo denúncias e abrindo a discussão para a população livre. A *Revista Illustrada* foi um dos mais importantes deles.

se todo o mundo, e Cuba e Brasil eram os últimos polos de resistência à onda antiescravista internacional.

No Brasil, a iniciativa veio do Rio de Janeiro, capital na época, onde metade da população era escrava: Joaquim Nabuco fundou a Sociedade Brasileira contra a Escravidão, claramente inspirada no modelo inglês. No mesmo ano, surgem revistas abolicionistas: *O Abolicionista*, de Nabuco, e sobretudo a *Revista Illustrada*, de Angelo Agostini, que publicou violentas denúncias dos tratamentos infligidos aos escravos por meio de caricaturas expressivas, como as gravuras que mostram um escravo jogado em um caldeirão de água fervente, ou outro empurrado para uma fogueira por um torturador raivoso. Mostrar ao público tais tratamentos, provavelmente exagerados pelos caricaturistas, só podia provocar indignação e salientar o arcaísmo do país, que ainda tolerava essas práticas. A partir das iniciativas desencadeadas na capital, criaram-se outras sociedades abolicionistas em São Paulo, Recife e Bahia. A própria Igreja adotou uma posição mais crítica em relação à escravidão. Por fim, ressaltemos que a maçonaria, cuja influência era crescente nas elites urbanas, acabara por condenar abertamente a escravidão, embora muitos donos de escravos tivessem pertencido durante muito tempo às lojas maçônicas.

Mesmo não pesando muito na lenta evolução para a abolição,[2] a existência desses tímidos movi-

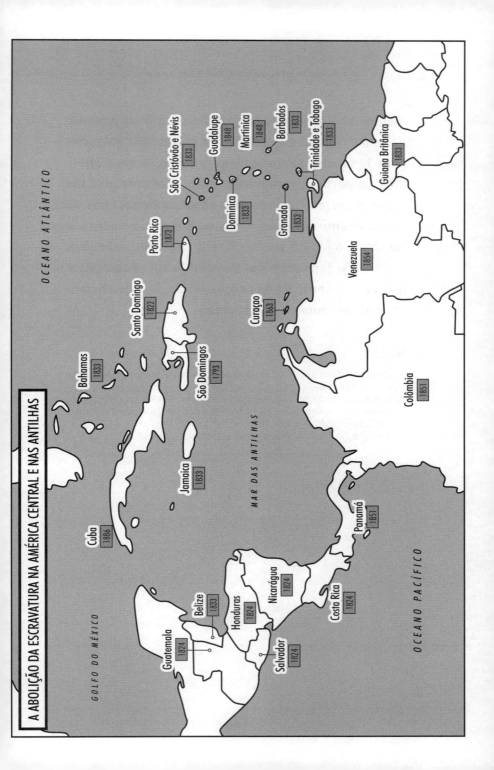

mentos abolicionistas contribuiu para o surgimento de uma "condenação moral" da escravidão na sociedade brasileira, tanto mais que, desde os anos 1860, uma importante imigração branca era estimulada pelos proprietários que organizavam campanhas de recrutamento na Europa, destinadas a convencer voluntários a virem para o Brasil (italianos, alemães, poloneses...). Essa imigração modificara progressivamente a composição da população do país, que defendia cada vez menos a escravidão.

NOTAS

[1] Para avaliar o eco distante da rebelião de Makandal e o imaginário social dos colonos e dos escravos, ver F. Midy, "Vers l'indépendance des colonies à esclaves d'Amérique: l'exception haïtienne", in Dorigny (Dir.), *Haïti, première république noire*, Paris, Société française d'histoire d'outremer, 2002; reed. 2007, pp. 121-38.

[2] Ver *infra*, "O Brasil: último bastião da escravidão", p. 117.

A PRIMEIRA ABOLIÇÃO DA ESCRAVATURA (1789-1804)

O FRACASSO DA ABOLIÇÃO DO TRÁFICO (1789-1790)

A ofensiva dos meios abolicionistas contra o tráfico foi inaugurada pelos ingleses: uma moção exigindo um debate parlamentar destinado a votar uma lei de abolição do tráfico inglês foi entregue por William Wilberforce já em maio de 1788. Os interesses ligados às colônias se mobilizaram rapidamente para bloquear a proposta, denunciada como uma ameaça ao comércio colonial e às atividades dos armadores e dos inúmeros fornecedores das mercadorias destinadas a comprar os negros na África. Essa mobilização, acompanhada de uma intensa campanha de petições (14 mil assinaturas recolhidas em Liverpool), foi terrivelmente eficaz: o projeto de lei de Wilberforce foi rejeitado pelos Comuns, adiando para um futuro distante qualquer debate legislativo sobre essa questão.

Os fundadores da Sociedade dos Amigos dos Negros, de Paris, observaram com muita atenção esse primeiro grande debate público que questionava um dos fundamentos da prosperidade comercial da Europa ocidental: a escola inglesa era então considerada o modelo a ser seguido para conseguir, por meio de uma ofensiva conjugada, a abolição geral do tráfico. O fracasso na Câmara dos Comuns levou o debate de Londres para Paris. De fato, do lado francês, quando o anúncio de uma próxima reunião dos Estados Gerais abriu repentinamente novas perspectivas aos reformadores, os dirigentes da Sociedade dos Amigos dos Negros, liderados pelo respeitado Condorcet, lançaram em todo o país uma vasta campanha contra o tráfico, mas não diretamente contra a escravidão em si. Na mesma lógica, em seu grande discurso de 5 de maio de 1789, Necker evitou abordar frontalmente a questão da escravidão e deu a entender apenas que o governo poderia diminuir as comissões pagas até aquele momento para estimular o tráfico negreiro francês... Assim, na aurora do ano de 1789, o foco dos projetos era a abolição do tráfico, mas ninguém se enganava: por trás dessa ofensiva conjugada, questionava-se a própria escravidão, a curto ou longo prazo.

Após o fracasso de Londres, parecia provável que a iniciativa abolicionista viria de Paris, na esteira da abolição dos privilégios e, sobretudo, da Declaração dos Direitos do Homem, votada em 26 de outubro de 1789, cujo artigo primeiro declara que "os homens nascem e são livres e iguais em direitos". Essa declaração colocava a escravidão e o tráfico fora da lei. Foi nesse novo contexto que a Sociedade dos Amigos dos Negros de Paris confiou a Mirabeau, deputado na Assembleia Constituinte e um de seus mais prestigiosos oradores, a missão de preparar um discurso contra o tráfico negreiro com vistas a obter o voto solene de uma lei de abolição de todo comércio de seres humanos. No mesmo momento, o grande líder da Sociedade abolicionista inglesa, Thomas Clarkson, chegava a Paris com a missão de "aconselhar" Mirabeau na redação de seu discurso contra o tráfico.

A preparação do discurso de Mirabeau mobilizou uma verdadeira equipe, seu "ateliê político": Étienne Dumont, genebrino exilado desde a repressão da Revolução de Genebra de 1782, Étienne Clavière, financista genebrino de renome internacional e presidente da Sociedade dos Amigos dos Negros, Salomon Reybaz, também exilado genebrino, e Clarkson, que trouxe elementos decisivos para a argumentação reunida pelos outros colaboradores de Mirabeau. Esse discurso, que devia conseguir um "voto de aprovação" dos deputados, foi uma obra coletiva, cujo coração era constituído pelos colaboradores preferidos de Mirabeau desde meados dos anos 1780. O próprio Mirabeau, membro ativo da Assembleia Nacional nessa época, foi o "diretor" do discurso, que devia abrir os olhos dos deputados – quase sempre mal informados sobre a realidade colonial – para os horrores do tráfico negreiro. Na tentativa de atingir a sensibilidade do público, ele recorreu a imagens fortes, comparando os navios negreiros a caixões flutuantes ("longos ataúdes flutuantes"), ou a exemplos de práticas desumanas, como as máquinas de abrir a boca dos cativos para alimentá-los à força, e citando uma carta de Clarkson acompanhada de um croqui...

Previsto para o início de março de 1790, o discurso jamais foi, na verdade, proferido na tribuna da Assembleia Nacional: os meios coloniais, que contavam com apoios poderosos na Assembleia, principalmente do Clube Massiac,* bem como os armadores dos portos,

---

* N.T.: O Clube do Hôtel de Massiac foi uma sociedade de ricos colonos de São Domingos e das Antilhas que residiam em Paris, fundada em 1789, e que se opunha à abolição da escravidão.

associados aos deputados das cidades costeiras La Rochelle, Nantes, Bordeaux e Le Havre, conseguiram bloquear a pauta do dia para impedir Mirabeau de subir à tribuna. O famoso discurso foi então proferido diante da Sociedade dos Amigos da Constituição em 1º ou 2 de março de 1790, mas não há registro dele na ata das sessões. Em 22 de março de 1790, Mirabeau o repetiu diante da Sociedade dos Amigos dos Negros, que o havia encomendado. Ele foi aplaudido, a publicação foi votada, Brissot ficou encarregado de redigir um prefácio, mas nada disso teve continuidade: nem impressão nem prefácio. O discurso permaneceu desconhecido do público até que Lucas de Montigny, filho adotivo de Mirabeau, o incluísse parcialmente no tomo VII das *Mémoires littéraires et politiques de Mirabeau, écrits par lui-même, son père, son oncle et son fils adoptif* (Memórias literárias e políticas de Mirabeau, escritas por ele mesmo, por seu pai, seu tio e seu filho adotivo) (1835).

    O debate sobre a abolição do tráfico nunca ocorreu nas assembleias revolucionárias sucessivas. A única medida referente ao tráfico, proposta pelo deputado Grégoire, foi tomada em 27 de julho de 1793: "Um membro solicita que as comissões concedidas até agora para o tráfico dos escravos sejam suprimidas desde já, o que é decretado pela Convenção."[1] A partir daquele momento, o tráfico deixava de ser subsidiado pela República, mas permanecia legal.

A REBELIÃO DOS "LIVRES DE COR" EM SÃO DOMINGOS

O debate colonial logo girou sobre o *status* das pessoas nas colônias: os "livres de cor", "mestiços" e negros libertos (libertos ou nascidos livres): alguns deles eram proprietários de terras e de escravos, mas não tinham direitos civis e cívicos, e reivindicavam a aplicação plena e integral do artigo I da Declaração dos Direitos do Homem. Os colonos brancos se uniram para se opor a essa reivindicação, chegando a excluir essa categoria de libertos das assembleias coloniais, criadas pelo decreto de 28 de março de 1790. Isso significava erigir a "linha de cor" como princípio político. A reação foi imediata: diante dessa exclusão da cidadania, os livres de cor de São Domingos pegaram em armas no final de 1790, afirmando seguir o exemplo dos parisienses que haviam conseguido a liberdade e a igualdade, tomando a Bastilha. Mal organizados, pouco armados e não contando com a ajuda esperada da parte espanhola vizinha, os revoltosos foram logo esmagados, e seus principais líderes, Vincent Ogé e Jean-Baptiste Chavannes, condenados ao apedrejamento em praça pública, em 25 de fevereiro de 1791, suplício proibido na França. Os outros revoltosos foram enforcados ou condenados às galés. Essa violenta repressão cavou um abismo intransponível entre as duas categorias de libertos das colônias.

A REBELIÃO DOS ESCRAVOS DE SÃO DOMINGOS E A PRIMEIRA ABOLIÇÃO DA ESCRAVATURA (AGOSTO DE 1791-4 DE FEVEREIRO DE 1794)

A rebelião dos escravos encontrou, incontestavelmente, um terreno favorável nessa cisão entre as duas categorias de proprietários de escravos, que, mesmo não tendo sido a causa da revolta, contribuiu para sua vitória, pois as forças adversárias estavam profundamente divididas. A guerra entre a França revolucionária e a Inglaterra, a Holanda e a Espanha, potências marítimas presentes no mar do Caribe, a partir da primavera de 1793, também contribuiu para impossibilitar a repressão à rebelião negra, que se tornara, na verdade, uma verdadeira guerra.

A rebelião começou na madrugada de 23 de agosto de 1791, na planície no norte, perto de Cap-Français,* então capital da colônia, na *plantation* de Lenormand de Mézy. Segundo uma tradição solidamente enraizada, a rebelião foi precedida, em uma data incerta em torno de 14 de agosto, de uma cerimônia noturna mágico-religiosa, de inspiração vodu e mesclada a ritos cristãos, em uma clareira chamada "bosque Caiman". Durante essa cerimônia, 54 escravos reunidos em torno da mambo** conhecida como Cécile Fatima, juraram lutar

---
* N.T.: Hoje Cap-Haïtien.
** N.T.: Sacerdotisa máxima do vodu, responsável pela preservação dos rituais e das canções, e elo entre os espíritos e os fiéis.

por sua liberdade. Boukman, escravo vindo da Jamaica, letrado, foi o "mestre" da cerimônia; ele estará entre os primeiros líderes da rebelião e logo será morto. As fontes relativas a essa cerimônia são muito mais tardias (a partir de 1814), o que leva alguns pesquisadores a duvidar de sua realidade histórica, mas, ainda hoje, ela marca profundamente as memórias populares no Haiti e é vista como seu mito fundador.

Para combater essa rebelião, a Assembleia legislativa enviou, de início, tropas, navios de guerra e muito dinheiro... Depois, sob a pressão dos Amigos dos Negros, a Assembleia criou uma política para aproximar brancos e livres de cor, a fim de reunir todas as forças que se sentiam ameaçadas pela revolta dos escravos. O decreto de 4 de abril de 1791 concedia os direitos políticos aos livres de cor, que assim se tornavam verdadeiros cidadãos. Essa medida ignorava as exigências dos colonos brancos, que se opuseram fortemente a ela. A Assembleia, dominada pelos partidários de Brissot, ordenou o envio de três comissários civis a São Domingos, com amplos poderes, para fazer com que esse decreto fosse aplicado: Brissot nomeou Léger-Félicité Sonthonax, Étienne Polverel e Ailhaud, próximos dos Amigos dos Negros. Eles chegaram a São Domingos no início de setembro de 1792, no meio de um conflito em três frentes: a revolta dos escravos que progredia inexoravelmente, a oposição resoluta dos colonos ao decreto de 4 de abril e a guerra contra os espanhóis e os ingleses, que ameaçavam a própria existência da colônia francesa. Essa tripla conjuntura explica, em grande parte, a decisão tomada pelos comissários civis, que haviam fracassado em impor sua política após quase um ano na colônia: a única saída foi proclamar a abolição imediata da escravatura, sem transição e sem nenhuma compensação para os proprietários. Em 29 de agosto de 1793, Sonthonax anunciou em Cap-Français que, a partir daquele momento, não havia mais escravos:

> OS HOMENS NASCEM E SÃO LIVRES E IGUAIS EM DIREITOS: este é, cidadãos, o evangelho da França; está mais do que na hora de ele ser proclamado em todos os departamentos da República.
>
> Enviada pela Nação na qualidade de comissários civis em São Domingos, nossa missão era fazer cumprir a lei de 4 de abril, fazê-la reinar em toda sua força e preparar gradativamente, sem dilaceração e sem perturbação, a libertação geral dos escravos. [...]
>
> A República Francesa quer a liberdade e a igualdade entre todos os homens sem distinção de cor; os reis só se satisfazem entre escravos: foram eles que, nas costas da África, venderam-nos aos brancos. São os tiranos da Europa que desejam perpetuar esse tráfico infame. A REPÚBLICA os adota entre seus filhos; os reis só aspiram a cobri-los de correntes ou a aniquilá-los. [...]

ARTIGO PRIMEIRO – A Declaração dos Direitos do Homem e do Cidadão será impressa, publicada e afixada onde for necessário, a cargo das municipalidades, nas cidades e burgos, e dos comandantes militares nos campos e postos.

II – Todos os negros e mestiços, atualmente escravos, são declarados livres para usufruir de todos os direitos atinentes à qualidade de cidadão francês.

Étienne Polverel fez o mesmo no Sul, no dia 21 de setembro seguinte. Assim, ao término de dois anos de revolta armada dos escravos, a abolição radical se revelara a única saída possível para se opor aos inimigos externos e reduzir os colonos à obediência, apoiando-se na massa dos negros que se tornaram livres, cidadãos e, por conseguinte, soldados.

Essa decisão de imenso alcance histórico fora tomada ainda que os dois comissários não tivessem nenhum poder para isso.

Abolida a escravatura, três novos deputados, representantes do "novo povo de São Domingos", foram eleitos e enviados a Paris para atuar na Convenção: um branco, Louis-Pierrre Dufaÿ, um mestiço, Jean-Baptiste Mills, e um negro, Jean-Baptiste Belley. Esse grupo tricolor, reflexo da sociedade colonial, chegou a Paris no final de janeiro de 1794, após muitas dificuldades em razão da guerra que assolava o Atlântico. Em sua chegada, a notícia da abolição da escravatura em São Domingos ainda era desconhecida... Considerados "representantes de uma colônia rebelde", os três deputados que, no entanto, carregavam a proclamação da abolição, foram detidos por ordem do Comitê de Segurança Geral. Liberados, provavelmente após a intervenção do Comitê de Saúde Pública, fizeram sua entrada na Convenção em 4 de fevereiro de 1794 (16 pluvioso do ano II*): pela primeira vez, um homem negro – Jean-Baptiste Belley – tinha assento na Assembleia Nacional... Dufaÿ proferiu um longo discurso, relatando com detalhes a situação da colônia e anunciando a abolição geral da escravatura, decisão tomada em total ilegalidade por Sonthonax e Polverel. A Convenção, em uma de suas sessões mais célebres, votou por unanimidade dos deputados presentes a abolição da escravatura. A proclamação feita em São Domingos era então legalizada e estendida a todas as colônias francesas, em um artigo único que não podia dar margem a interpretações restritivas:

> A Convenção Nacional declara que está abolida a escravidão dos negros em todas as colônias; por consequência, ela decreta que todos os homens,

---

* N.T.: Calendário instituído durante a Revolução Francesa, com base nos ciclos da natureza, que substituía o calendário gregoriano e simbolizava o início de uma nova era da história da humanidade: vindemiário, brumário, frimário, nivoso, pluvioso, ventoso, germinal, floreal, prairial, messidor, termidor e frutidor.

sem distinção de cor, domiciliados nas colônias, são cidadãos franceses e usufruirão de todos os direitos garantidos pela Constituição.

Esse decreto representava uma ruptura com as teses defendidas pelos abolicionistas, que não desejavam absolutamente uma abolição imediata, sem transição. A revolta dos escravos, de uma amplitude desconhecida até então, impôs, no contexto da guerra geral na Europa e nos mares, uma outra solução: não se tratou absolutamente do tráfico, tornado impossível na prática pela guerra naval, mas não abolido por lei. Assim, o tráfico jamais foi abolido legalmente pela Revolução Francesa. Sua finalidade, abastecer as colônias de escravos, não existia mais de fato; tampouco foi evocado qualquer período de "transição" entre "escravidão absoluta" e liberdade geral.

A intervenção de Danton, que ficou para a posteridade, salienta ao mesmo tempo o alcance universal desse decreto e sua inscrição no contexto preciso da guerra contra a Inglaterra:

> Representantes do povo francês, até agora não decretamos a liberdade senão como egoístas e só para nós. Mas hoje proclamamos diante do universo, e as gerações futuras encontrarão sua glória neste decreto, proclamamos a liberdade universal. [...] A Convenção acaba de cumprir seu dever. [...]

Os grandes princípios desenvolvidos pelo virtuoso Las Casas não haviam sido reconhecidos. Trabalhamos para as gerações futuras, lançamos a liberdade nas colônias; é hoje que o inglês está morto.

A aplicação dessa abolição, de modo algum prevista nas colônias, foi complicada. A Convenção enviou dois comissários civis encarregados de aplicar o decreto de 16 pluvioso, um a Guadalupe, Victor Hugues, o outro à Guiana, Nicolas Jeannet-Oudin, primo de Danton. Como a Martinica estava sob domínio inglês desde julho de 1793, a "lei francesa" não a atingiu. Em Guadalupe, Hugues mandou aplicar "revolucionariamente" o decreto de abolição, isto é, travando quase uma guerra de reconquista da ilha contra os colonos e os ingleses, que ameaçavam invadi-la: em 11 de dezembro de 1794, ao final de uma violenta repressão, ele proclamou a liberdade geral em Guadalupe. Na Guiana, Jeannet-Oudin não encontrou uma oposição frontal, e seu sucessor, Cointet, proclamou a abolição.

Nas colônias do oceano Índico, a Île de France (hoje Ilhas Maurício) e a Île Bourbon (Reunião, desde julho de 1793), o decreto de 16 pluvioso jamais foi promulgado, e a escravidão, nunca abolida pela Revolução: a distância e sobretudo o controle das rotas marítimas pelos cruzadores ingleses dissuadiram do envio de um corpo expedicionário para impor aos colonos um decreto que eles se recusavam a aplicar.

Enquanto a Constituição de 1793 ignorara as colônias, não incluídas na definição do território da República – essa omissão evitava evocar a existência da escravidão –, a do ano III (1795) consagrou constitucionalmente a abolição da escravatura, afirmando a unidade legislativa entre colônias e metrópole:

> ARTIGO 6 – As colônias francesas são parte integrante da República e estão submetidas à mesma lei constitucional.

A lei de 1º de janeiro de 1798 (12 nivoso do ano VI) dava um passo a mais na integração republicana das colônias, agora transformadas em departamentos, com o mesmo *status* das pessoas. Isso tornava constitucionalmente impossível o restabelecimento da escravidão.*

O RESTABELECIMENTO DA ESCRAVIDÃO E SEU FRACASSO EM SÃO DOMINGOS (1801-1804)

Após o golpe de Estado de Napoleão Bonaparte, o Consulado modificou radicalmente o contexto. A Constituição do ano VIII, que organizava os novos poderes, ignorou essa integração das colônias, res-

---

* N. E.: Isso se deve ao fato de que, após a mudança de estatuto para departamentos, territórios e cidadãos da colônia passaram a ser obrigados a seguir rigorosamente as leis francesas.

tabelecendo a dupla legislação, por meio do artigo 91: "O regime das colônias francesas é determinado por leis especiais." Esse artigo abria o caminho para o restabelecimento da escravidão, formalmente solicitada havia vários anos pelos meios da Marinha e do comércio dos portos. Após o retorno da paz com a Inglaterra (tratado preliminar de Londres assinado em 1º de outubro de 1801 e Tratado de Amiens assinado em 25 de março de 1802), as rotas do Atlântico estavam livres e era novamente possível enviar exércitos poderosos às Antilhas para restabelecer a escravidão. O Corpo Expedicionário enviado a São Domingos era comandado por Emmanuel Leclerc, cunhado de Napoleão; o que foi enviado para Guadalupe estava sob as ordens de Richepanse.

  O restabelecimento em Guadalupe foi imposto por uma guerra de reconquista e por uma série de repressões que visava atacar até a derrota dos defensores da "liberdade geral" em torno de Louis Delgrès, em 28 de maio de 1802; Richepanse proclamou o restabelecimento da escravidão em 7 de julho de 1802. Em São Domingos, o desfecho da guerra travada por Leclerc foi bem diferente: o "exército indígena", liderado pelos generais negros Toussaint Louverture e Jean-Jacques Dessalines, associado às tropas mestiças de Jérôme Pétion, conseguiu vencer a reconquista militar da colônia. Apesar da captura de Louverture, em junho de 1802 (foi aprisionado no forte de Joux, no Jura, leste da França, onde morreu em 7 de abril do ano seguinte), o Exército francês, comandado por Rochambeau desde a morte de Leclerc, dizimado pela febre amarela e por uma guerrilha incessante, capitulou no dia 18 de novembro de 1803, em Vertières. A escravidão jamais foi restabelecida, e São Domingos se tornou a República do Haiti no dia 1º de janeiro de 1804. Era a segunda independência nas Américas, após a dos Estados Unidos em 1783. Dessa vez, eram os ex-escravos que tomavam o poder.

A independência do Haiti teve uma imensa repercussão em todas as colônias de escravos. Por muito tempo, foi o único lugar onde não havia mais escravos.

Assim, a Revolução Francesa nas colônias foi marcada pela revolta vitoriosa dos escravos de São Domingos, que lhe impuseram uma abolição radical da escravidão, estendida às outras colônias, mas aplicada de modo desigual, e finalmente anulada em 1802, ao final de uma série de expedições militares. O nascimento do Haiti, "primeira república negra", foi fruto tanto da abolição insurrecional quanto do desejo de Napoleão de restabelecer a escravidão numa terra que já tinha se libertado. Proclamar a independência para escapar à volta da escravidão foi a escolha dos ex-escravos da "Pérola das Antilhas". No *Mémorial de Sainte-Hélène* (Memorial de Santa Helena) em 1820, o imperador deposto abordou esse fracasso: "Foi um grande erro ter desejado submetê-la pela força; eu devia me contentar em governá-la por intermédio de Toussaint. A paz ainda não estava totalmente assentada com a Inglaterra. As riquezas territoriais que eu tivesse adquirido ao submetê-la teriam enriquecido apenas nossos inimigos." Remorso tardio...

NOTA

[1] *Collection générale des décrets rendus par la Convention nationale, mois de juin 1793*, p. 271.

AS ABOLIÇÕES
DO SÉCULO XIX

No processo abolicionista, o caminho próprio à Revolução Francesa deve ser considerado atípico na longa trajetória para o fim da escravidão, devido a seu caráter insurrecional e ao radicalismo da abolição; mas esse caminho revolucionário também constituiu uma advertência às metrópoles que possuíam colônias de escravos: para evitar a explosão de "novos São Domingos", progressivamente se instalaria uma prudente política reformadora.

A ABOLIÇÃO DO TRÁFICO: 1807, 1808, 1815

As ofensivas para abolir o tráfico, lançadas pelos abolicionistas ingleses, em 1788 e 1789, e depois pelos franceses, no início da Revolução, foram fracassadas, e o tráfico continuou durante o período revolucionário e napoleônico. Somente os inconvenientes impostos pela guerra total que as grandes potências travavam diminuíram seu ritmo. Assim, desde o anúncio de uma paz franco-inglesa próxima, no final de 1801, os navios negreiros partiram novamente para as costas da África para comprar negros e vendê-los por um alto preço em colônias privadas desse abastecimento durante as hostilidades. Para os portos franceses, nem foi preciso esperar o restabelecimento legal da escravidão (promulgado em 20 de maio de 1802): como nenhuma lei de proibição do tráfico fora criada durante a Revolução, os armadores podiam partir legalmente para as costas africanas.

No auge das Guerras Napoleônicas, a Inglaterra tomou uma decisão que marcou uma virada no debate abolicionista: o Parlamento de Londres votou, unilateralmente, uma lei de proibição do tráfico negreiro. Rejeitada em 1789, essa medida se tornara possível e aceitável para os meios coloniais: após dominar o comércio negreiro internacional ao longo de dois séculos, o país se tornou, no início do século XIX, um fervoroso defensor do combate abolicionista contra o tráfico, ainda que, naquele momento, quase todo o continente europeu estivesse dominado por Napoleão. No dia 2 de março de 1807, é votada uma lei proibindo o comércio negreiro aos cidadãos britânicos; em 1804, a Dinamarca tomara a mesma medida, mas o peso desse pequeno reino no tráfico negreiro não equivalia ao da poderosa Inglaterra no comércio mundial. A decisão inglesa pode ser explicada por dois fatores complementares. Por um lado, a pressão exercida pelas sociedades abolicionistas não arrefeceu desde os anos 1780, encarnada principalmente por William Wilberforce e Thomas Clarkson, que haviam depositado sistematicamente moções na Câmara dos Comuns desde 1790; por outro, a abolição do tráfico daria à Inglaterra um precioso prestígio internacional em comparação com a França, que ainda difundia na Europa uma propaganda calcada nos ideais de 1789, enquanto o regime napoleônico os ignorava... A esses dois argumentos, outro dado deve ser acrescentado: desde o fim do século anterior, o centro dos interesses coloniais britânicos se deslocara para a Índia, o que diminuía a importância das colônias escravagistas das Antilhas.

Os Estados Unidos, por sua vez, ainda presididos por Thomas Jefferson (grande proprietário de escravos na Virgínia, mas impregnado dos ideais das Luzes...), adotaram uma lei de abolição do tráfico quase ao mesmo tempo que o voto inglês: em 3 de março de 1807, o Congresso votava a proibição de qualquer nova importação de escravos para os Estados Unidos. Essa decisão tivera de esperar o fim da moratória de vinte anos prevista em 1787. A Constituição de 1787, fundadora da união entre os estados escravagistas do Sul e os do Norte, onde a escravidão era proibida, havia homologado um acordo: o *status quo* do tráfico e da escravidão não poderia ser alterado antes de 1807. Jefferson, que temia que um afluxo maciço de negros africanos perturbasse o equilíbrio demográfico do Sul, agilizou a votação dessa lei antes do final de seu segundo mandato. A aplicação da proibição entrou em vigência em 1º de janeiro de 1808.

Desse modo, no início do século XIX, duas grandes potências marítimas haviam abolido o tráfico negreiro. Virava-se uma página, fato que aos poucos foi seguido pelas outras nações.

De retorno de seu breve exílio na ilha de Elba, Napoleão assinou um decreto imperial, em 27 de março de 1815, de proibição do tráfico. Gesto puramente simbólico, já que, naquele momento, nenhum navio francês estava em condições de navegar, mas era uma medida destinada a acabar com a propaganda britânica e com as decisões do Congresso de Viena, suspensas pela retomada da guerra.

O CONGRESSO DE VIENA (1815)

O Congresso de Viena foi, de fato, o momento-chave do dispositivo internacional de luta contra o tráfico.

Desde sua primeira sessão, os agentes plenipotenciários de todas as potências reunidas em Viena, inclusive a França vencida, tomaram a seguinte decisão em 18 de fevereiro de 1815:

> Os plenipotenciários das potências que assinaram o Tratado de Paris de 30 de maio de 1814, reunidos em conferência, tendo considerado que o comércio conhecido pelo nome de tráfico dos negros da África foi considerado pelos homens esclarecidos de todos os tempos como repugnante aos princípios de humanidade e de moral universal;
>
> Que as circunstâncias particulares às quais esse comércio deve seu nascimento e a dificuldade de interromper bruscamente seu curso cobriram até certo ponto o que havia de odioso em sua manutenção: mas que, enfim, a voz pública se elevou em todos os países civilizados para pedir que ele seja suprimido o mais rápido possível; [...]
>
> Que, por um artigo em separado do último Tratado de Paris, a Grã-Bretanha e a França se comprometeram a reunir seus esforços no Congresso de Viena para fazer com que todas as potências da cristandade pronunciem a abolição universal e definitiva do tráfico dos negros;
>
> Que os plenipotenciários reunidos nesse Congresso não poderiam honrar melhor sua missão, cumprir seu dever e manifestar os princípios que guiam seus augustos soberanos do que trabalhar para realizar esse compromisso e proclamar em

nome de seus soberanos o voto de pôr um termo a um flagelo que, por tanto tempo, desolou a África, degradou a Europa e afligiu a humanidade;

Os ditos plenipotenciários concordaram em iniciar suas deliberações sobre os meios de realizar um objeto tão salutar, por meio de uma declaração solene dos princípios que os dirigiram nesse trabalho.

Em consequência, e devidamente autorizados a esse ato pela adesão unânime de suas cortes respectivas ao princípio enunciado no dito artigo em separado do Tratado de Paris, eles declaram à Europa que, considerando a abolição universal do tráfico dos negros como uma medida particularmente digna de sua atenção, conforme o espírito do século e os princípios gerais de seus augustos soberanos, estão inspirados pelo desejo sincero de concorrer para a execução mais breve e mais eficaz dessa medida por todos os meios à sua disposição, e de agir, no emprego desses meios, com todo o zelo e toda a perseverança que devem a uma tão grande e bela causa.

Todavia, conhecedores dos sentimentos de seus soberanos para não prever que, por mais honrosos que sejam seus objetivos, eles não os alcançarão sem justos arranjos dos interesses, hábitos e prevenções mesmas de seus súditos, os ditos plenipotenciários reconhecem ao mesmo tempo que essa declaração geral não poderia prejulgar o termo que cada potência em particular poderia considerar mais conveniente para a abolição definitiva do comércio dos negros; por conseguinte, a determinação da época em que esse comércio deve universalmente cessar será objeto de negociação entre as potências: evidentemente, não se negligenciará nenhum meio próprio a garantir e acelerar seu andamento; e que o compromisso recíproco contraído pela presente declaração entre os soberanos que tomaram parte somente será considerado findo no momento em que um sucesso completo tiver coroado seus esforços reunidos.

Embora o princípio de uma abolição universal, aplicável pelo menos às potências europeias signatárias, fosse proclamado abertamente, suas modalidades de aplicação eram deixadas a cargo dos Estados, que podiam ajustar os interesses e adiá-la por muito tempo ainda. Esta será uma das questões em jogo dos anos seguintes, no mínimo até a década de 1840.

De fato, a aplicação efetiva da proibição do tráfico foi longa e complexa: o auge histórico desse comércio de seres humanos foi atingido em 1829, único ano em que mais de 110 mil cativos foram transportados nos navios negreiros, ou seja, 14 anos após o Tratado de Viena. Entre 1830 e o fim dos anos 1840, o tráfico transportou entre 80 e 40 mil escravos por ano entre as costas da África e as Américas. Os principais destinos desse tráfico ilegal eram Cuba e Brasil, mas também o sul dos Estados Unidos na época de maior demanda do algodão. Cuba importou de

20 a 35 mil novos escravos a cada ano até o final da década de 1850; as Antilhas francesas continuaram a importação ilegal de cativos até o início dos anos 1830.

O COMBATE CONTRA O TRÁFICO ILEGAL

Por iniciativa da resolução do Congresso de Viena, a Inglaterra, apoiada por Talleyrand, que representava a França, assumiu então a liderança do combate contra o tráfico negreiro ilegal.

Para reprimir as atividades de tráfico, acordos bilaterais criaram as "Comissões Mistas de Arbitragem", encarregadas de decidir as sanções a serem tomadas contra os navios interceptados em flagrante delito – Serra Leoa, Havana, Paramaribo e Rio de Janeiro –, todas presididas por um britânico. A França e os Estados Unidos não as reconheciam e tinham suas próprias instâncias, na Ilha de Goreia e nos portos de origem respectivamente.

Essa política era perturbada pela falta de zelo da maioria das potências, exceto a Inglaterra, o que explica a continuidade e até o crescimento do tráfico nos anos 1820 e ainda em 1830, apesar das fortes pressões exercidas pela diplomacia inglesa sobre a Espanha para proibir o tráfico para Cuba e sobre o Brasil (independente de Portugal desde 1822): má vontade e impotência se combinaram para anular essas pressões sobre esses dois destinos principais do tráfico ilegal.

A virada decisiva foi a reorientação da política francesa após 1830: pouco depois da posse de Luís Filipe I de França,* uma convenção franco-inglesa é assinada para coordenar a fiscalização das costas da África, exercendo um direito de visita recíproca em 1831; depois, uma série de tratados e de acordos franco-ingleses foram assinados para tornar eficazes os cruzadores de controle, legalizando particularmente o direito de vistoria dos navios suspeitos de transportar cativos comprados na África. Todo esse aparato foi coroado pelo tratado de 20 de dezembro de 1840, negociado por Guizot. Na França, a lei de 4 de março de 1831 aumentava as penas sofridas pelos capitães e pela tripulação, chegando aos trabalhos forçados, promulgação significativa no contexto das virulentas ofensivas dos abolicionistas contra a violação do tratado de Viena, principalmente por meio da brochura *Des peines infamants à infliger aux négriers* (Penas infamantes a serem infligidas aos navios negreiros), de Grégoire, e dos textos de Morénas e do duque de Broglie. No mesmo momento, a ação vigorosa da Sociedade da Moral Cristã denunciava o tráfico ilegal.[1]

---

* N.T.: Em 1830, ocorrem as Três Gloriosas Jornadas Revolucionárias, dando fim ao governo de Carlos X, último monarca ligado ao Antigo Regime. O trono é oferecido a Luís Filipe de Orléans, que o aceita, jurando fidelidade à Carta constitucional francesa. Defendendo os interesses burgueses, o novo rei promove uma efetiva industrialização na França.

Acrescentemos a essas medidas a condenação do tráfico negreiro pelo papa Gregório VI, em 1839, que, embora bem tardia e puramente moral, apoiava os abolicionistas dos países católicos.

Esse conjunto de decisões bilaterais estendidas a outras potências, como a Holanda e a Espanha, contribuiu para o lento recuo do tráfico ilegal. Porém, esse recuo também se devia às abolições sucessivas da escravidão em um número cada vez maior de países, como os do ex-Império Espanhol: à medida que a escravidão desaparecia legalmente, o abastecimento de novos cativos passava a ser quase impossível, até mesmo inútil.

A ABOLIÇÃO INGLESA DE 1833, PRIMEIRA RUPTURA IRREVERSÍVEL

Após a abolição do tráfico, em 1807, estendida em princípio a todas as potências pelo Congresso de Viena, em 1815, a Inglaterra passara a liderar o movimento antiescravista internacional. No entanto, a escravidão continuava bem viva em suas colônias, e tudo levava a crer que o poderoso grupo de pressão dos colonos, dos armadores e de todos aqueles que se beneficiavam do comércio colonial defenderia obstinadamente seus interesses. Todavia, a questão da escravidão teve um desfecho relativamente rápido. Três fatores explicam, ao menos parcialmente, essa evolução.

Em primeiro lugar, a multiplicação das revoltas de escravos, principalmente na Jamaica e em Barbados, requeria o envio de tropas de repressão cada vez mais frequentes e onerosas para o orçamento nacional. A opinião pública se cansava desses gastos, considerados destinados unicamente a defender os interesses dos proprietários das *plantations*, distantes e julgados arrogantes. Essa evolução da opinião pública era em boa parte orquestrada pelas sociedades abolicionistas, poderosas e bem representadas nas igrejas dissidentes importantes da Inglaterra (batistas, irmãos morávios, *quakers*...).

A reforma eleitoral de 1832, que ampliava o sufrágio censitário, permitiu a eleição de deputados das classes médias, muito menos sensíveis às teses coloniais bem implantadas há gerações na alta sociedade conservadora. Essa evolução da composição da Câmara dos Comuns era favorável à penetração dos temas abolicionistas.

Por fim, e talvez o fator decisivo, o centro de gravidade da potência colonial britânica se deslocara para a Índia; a perda das Treze Colônias, que se tornaram os Estados Unidos em 1783, marcou, primeiramente, a retirada inglesa das colônias insulares de escravos e, depois, o direcionamento para as novas colônias da Ásia, à medida que o questionamento do tráfico e da própria escravidão se tornava uma tendência irreversível.

Foi nesse triplo contexto que se impôs a ideia de abandonar progressivamente a escravidão: era necessário favorecer tanto quanto possível as alforrias dos escravos não diretamente destinados à produção, dando a um escravo o direito de comprar sua liberdade sem que o senhor pudesse se opor, antes de preparar um plano de abolição gradual que transformaria os "novos livres" em "aprendizes", ligados pela lei à *plantation* onde haviam sido escravos. A duração dessa "aprendizagem" podia variar de um autor de projeto a outro, mas ia de 10 a 12 anos. Em sua concepção, a "aprendizagem" era tanto cívica e moral quanto puramente profissional. Todos os diferentes projetos previam uma indenização aos proprietários, destinada a ressarcir a propriedade perdida, expropriada pela abolição, mas também a permitir uma reconversão da valorização das terras e dos meios de produção.

Ao final de um longo debate na Câmara dos Comuns, o decreto de abolição gradual foi votado em 1º de agosto de 1833, entrando em vigor um ano mais tarde. A duração da aprendizagem era fixada em oito anos, sem nenhum salário, mas o alojamento e a comida continuavam sob a responsabilidade do senhor. Cerca de 800 mil escravos foram atingidos por essa medida. Na realidade, a aplicação da aprendizagem ficou muito longe do que imaginavam seus idealizadores: revelou-se impossível proclamar o fim da escravidão e, ao mesmo tempo, adiar sua plena aplicação para um futuro longínquo para os interessados. O acordo entre escravidão pura e simples e liberdade total era inviável. As deserções foram numerosas e os meios de reprimi-las, ineficazes. O final do período de aprendizagem foi adiantado para 1º de julho de 1838 e não 1841, como previsto inicialmente.

A partir da abolição inglesa, o contexto internacional se alterou incontestavelmente; se uma grande potência colonial e escravagista de longa data pudera dar esse passo sem desencadear rebeliões de escravos em suas colônias, era impossível para outras grandes potências manter indefinidamente seus escravos. Foi a conclusão a que chegou o francês Hippolyte Passy, em 10 de fevereiro de 1838, na Câmara dos Deputados:

> Hoje em dia, tudo está mudado desse ponto de vista. De um lado, do desfecho das revoluções de São Domingos os negros tiraram uma formidável lição; do outro, a Inglaterra, marcando a escravidão com uma retumbante reprovação e proclamando sua abolição em suas possessões, tornou sua continuação impossível nas colônias das potências estrangeiras.

A FRANÇA E O CAMINHO RUMO À SEGUNDA ABOLIÇÃO

Embora participasse da luta contra o tráfico, a França não aboliu a escravidão em suas colônias, nem durante a Restauração (1815-1830) nem durante a Monarquia de Julho (1830-1848).* A primeira abolição em 1793-1794 se impusera pela via revolucionária radical e provocara, além de massacres e expedições militares, a perda de São Domingos, ilha responsável por cerca de 80% do comércio colonial francês antes de 1789. A independência do Haiti foi reconhecida tardiamente pela França, em abril de 1825, desde que pagasse uma indenização aos colonos, sinal evidente do profundo trauma deixado em uma parcela dos meios coloniais e da Marinha por esse desfecho totalmente imprevisto. Ficara difícil defender opiniões antiescravistas convictas: somente a luta contra o tráfico foi manifesta por muito tempo, visto que os abolicionistas eram acusados de incitar a rebelião dos negros e, por conseguinte, dos "desastres de São Domingos".

    O movimento abolicionista francês estancara durante o período napoleônico, e somente algumas personalidades ainda podiam expressar suas opiniões nessa área: *La Décade philosophique et littéraire*, órgão que dava continuidade aos ideais da *Enciclopédia* do século anterior, e o abade Grégoire, firme opositor do Império,

---

* N.T.: A Restauração é o período compreendido entre a primeira abdicação de Napoleão, em 1814, e seu retorno em 1815, e entre a queda do Primeiro Império e as Três Gloriosas em 1830. Em 1848, eclode a revolução que retira Luís Filipe I de França do poder. De caráter popular, é o estopim de muitas revoltas populares na Europa, a "Primavera dos Povos". Foi instaurada a II República Francesa e Luís Napoleão é eleito o primeiro presidente do país.

mas que publicara, em 1808, uma importante obra com o título *De la littérature des nègres* (Da literatura dos negros); do mesmo modo, o ex-constituinte Lanjuinais pôde criticar o restabelecimento da escravidão de 1802.

Fora das fronteiras francesas, a "chama" da condenação da escravidão pôde sobreviver e se manifestar sem entraves no que era chamado de "Grupo de Coppet", nome do castelo que pertencera a Necker e era a residência de sua filha, Mme. de Staël, opositora republicana a Napoleão, proibida de residir em Paris. Em torno da célebre – e riquíssima – mulher de letras, inúmeros opositores de Napoleão se reuniam regularmente em Coppet, formando uma espécie de cenáculo que continuava os debates das Luzes, em especial a condenação da escravidão e do tráfico: além de Mme. de Staël, podia-se encontrar Benjamin Constant, Sigismond de Sismondi, Auguste de Staël, Victor de Broglie. Esse grupo se relacionava regularmente, apesar da guerra, com os ingleses Clarkson e Wilberforce. Foi um elo precioso na transmissão dos ideais antiescravistas particularmente perseguidos no período do Império.

O ressurgimento de um movimento abolicionista organizado só pôde se dar após 1815, beneficiando-se de uma relativa liberdade de expressão, mas através de um "filtro": a Sociedade da Moral Cristã, fundada em 1821 por iniciativa do duque de La Rochefoucauld-Liancourt, era acima de tudo uma organização com vocação filantrópica; ela reunia Gérando, Lasteyrie, De Broglie, o barão de Staël (filho de Mme. de Staël), Benjamin Constant, entre outros. Com um forte componente protestante, a Moral Cristã fundou um comitê pela abolição efetiva do tráfico em 1822, que se beneficiou de uma coluna regular no jornal da Sociedade. Aparentemente, tratava-se, sobretudo, de exigir a aplicação efetiva das diferentes medidas já tomadas legalmente, o que deixava entender que o governo fechava os olhos às práticas de tráfico, principalmente nas costas do Senegal. O escândalo da balsa da Medusa e a extraordinária repercussão provocada pelo quadro de Géricault eram bem próximos. Na realidade, a crítica ao tráfico ilegal abria o caminho para a da própria escravidão, ninguém duvidava disso.

Entretanto, o renascimento de um movimento abolicionista, na França, pregando abertamente a abolição da escravatura nas colônias francesas não pôde se dar antes da virada maior da abolição inglesa de 1833. Mais uma vez, como em 1788, com a criação da Sociedade dos Amigos dos Negros, o impulso vinha de Londres. No final de 1834, a Sociedade Francesa pela Abolição da Escravatura era criada e dotada de um jornal, *L'Abolicioniste*, ortografado à moda inglesa... Essa criação francesa fora abertamente concebida em estreita relação com Zachary Macaulay, James Cooper e John Scoble, dirigentes da The Society for the Abolition of the Slave Trade (Sociedade Inglesa pela Abolição do

Tráfico e da Escravidão), presentes em Paris. Vitor de Broglie, Odilon Barrot, Alexandre de Laborde, François Isambert e Hippolyte Passy estavam presentes, todos provenientes da Sociedade da Moral Cristã. O secretário da nova sociedade foi François de Montrol, advogado, que já havia adquirido, em 1829, os papéis pessoais de Brissot, entre os quais havia o precioso registro da Sociedade dos Amigos dos Negros. Montrol garantia com isso a continuidade entre as duas sociedades abolicionistas francesas. Lamartine, Ledru-Rollin e Victor Schœlcher se associaram logo a ela, reforçando seu "polo republicano", ao lado dos liberais orleanistas* do início. Alexis de Tocqueville e Destutt de Tracy aderiram igualmente ao movimento.

Essa segunda sociedade abolicionista francesa permaneceu limitada a uma elite intelectual e política, exatamente como fora a Sociedade dos Amigos dos Negros, de que se proclamava herdeira: mal chegavam a cem membros entre 1834 e 1848. Esse recrutamento estrito parece ter sido uma constante do abolicionismo na França, diferentemente da Inglaterra, cuja base social foi bem maior.

O esquema abolicionista preconizado pela Sociedade permaneceu marcado pela doutrina dos Amigos

---

* N.T.: O liberalismo orleanista, movimento moderado de direita, defendia os interesses da Monarquia de Julho e de seu rei Luís Filipe I.

dos Negros do final do século XVIII e, sobretudo, pelas teses gradualistas inglesas. A abolição da escravatura virá ao final de uma sequência de reformas, cuja primeira etapa, resolvida nesse momento, é a proibição do tráfico. Mais uma vez, o "fantasma" de São Domingos era onipresente, inclusive em Lamartine que, em um discurso na Câmara dos Deputados, em 23 de abril de 1835, havia denunciado os Amigos dos Negros por terem incitado os escravos à revolta armada:

> a sabedoria aconselha a não despertar nos escravos outras esperanças além daquelas que podemos satisfazer sem comoção para as colônias, sem ruína para as propriedades, sem distúrbios, sem agitação para os escravos.

No dia 10 de maio de 1842, ele não havia mudado de opinião, quando se dirigia aos representantes da sociedade inglesa recebidos em Paris:

> Nós queremos introduzir gradualmente, lentamente, prudentemente, o negro no usufruto dos benefícios da humanidade, aos quais os convidamos sob a tutela da mãe pátria, como uma criança para completá-la e não como um selvagem para destruí-la.

Até o início dos anos 1840, a abolição gradual permaneceu o credo da Sociedade Francesa. A mudança foi impulsionada em grande parte por Victor Schœlcher, de retorno de um longo périplo pelas

Américas, onde visitara o sul dos Estados Unidos, as Antilhas francesas e o Haiti. Nessa verdadeira "turnê" de inspeção, Schœlcher chega a uma conclusão clara: para as colônias francesas, a única saída razoável era a abolição imediata da escravatura, que impediria a multiplicação das insurreições e a repetição do episódio de São Domingos por toda parte. O título do livro que ele publicou ao retornar era uma palavra de ordem: *Colonies françaises: abolition immédiate* (Colônias francesas: abolição imediata).

Apesar desses avanços reais, a Sociedade Francesa pela Abolição, ainda hesitante e dividida, não conseguiu impulsionar um movimento capaz de impor à Monarquia de Julho a decisão de abolir a escravidão nas colônias. A doutrina oficial continuou mantendo uma política tímida em reformas.

AS REFORMAS DA MONARQUIA DE JULHO

A Revolução de 1830 levou ao poder uma elite reformista, que se dizia herdeira do primeiro período da Revolução de 1789, mas que rejeitava seus "excessos". No plano moral e "intelectual", os novos dirigentes eram hostis à escravidão, tanto mais que os economistas liberais, inclusive os saint-simonianos* próximos do novo regime,

---

* N.T.: Adeptos da doutrina socialista de Saint-Simon (1760-1825), que acreditava no industrialismo e no progresso social realizado através da produtividade.

condenavam a escravidão, pois a consideravam contrária aos progressos da nova indústria. O próprio Luís Filipe, o "rei cidadão", havia frequentado os Amigos dos Negros – protegidos por seu pai – no início da Revolução. Do mesmo modo, o poderoso Guizot vinha dos meios mais anglófilos. No entanto, e este paradoxo pode ser explicado pelo medo visceral de ressuscitar a violência das revoltas coloniais, o Regime de Julho não considerou, em nenhum momento, abolir a escravatura, nem mesmo gradualmente.

Uma política de reformas foi posta em prática já nos primeiros anos, principalmente por meio de uma cooperação crescente com a Inglaterra para lutar contra o tráfico ilegal.[2]

O eixo dessa política reformista era simples: era necessário facilitar a alforria dos escravos, em vez de desencorajá-la por meio de um tributo elevado. Assim, pouco a pouco, a razão entre escravos e pessoas livres na população das colônias seria modificada, até que os escravos não libertos se reduzissem a uma proporção "residual" composta de escravos idosos, com pouca probabilidade de viverem de seu trabalho livre e que permaneceriam com seus senhores. Isso significava extinguir a escravidão sem promulgar o famoso e tão temido decreto de abolição.

Uma série de decretos foi promulgada para facilitar a alforria, culminado numa vasta síntese conhecida pelo nome de "Leis Mackau", assinada pelo rei em 18 e 19 de julho de 1845.

O barão de Mackau era ministro da Marinha e das Colônias, reformador esclarecido, mas não abolicionista. A comissão reunida por ele estava encarregada de propor um conjunto de reformas referentes às "pessoas não livres" das colônias francesas; a palavra "escravidão" foi banida dos artigos desta nova legislação, supressão altamente reveladora do contexto ideológico progressivamente imposto pela longa ação dos abolicionistas. O conjunto das disposições visava proporcionar melhorias ao destino dos "não livres":

- em primeiro lugar, o direito de comprar sua liberdade era concedido a todos, sem que o senhor pudesse se opor; compra pessoal, mas também de seus pais, cônjuge e filhos, legítimos ou naturais;
- disponibilização gratuita de um lote de terra para cada família a fim de que pudesse nela cultivar uma parte de suas necessidades alimentares;
- determinação das quantidades de alimento e de roupas fornecidos pelo senhor:
- possibilidade de casamento entre pessoas não livres pertencentes a senhores diferentes, com a união dos cônjuges pronunciada pelo conselho colonial;
- a duração do trabalho não poderia exceder o intervalo entre 6 horas da manhã e 6 horas da noite;

- regulamentação dos castigos: o senhor não podia, a partir de então, infligir mais de quinze chibatadas em um escravo. Um castigo mais severo cabia aos tribunais.

Essas disposições das Leis Mackau, apesar de suas "boas intenções", não satisfaziam aos abolicionistas e não ofereciam aos escravos uma perspectiva de emancipação, nem mesmo a longo prazo. Essa legislação reformadora era, na verdade, uma série de emendas ao Código Negro, que entrara novamente em vigor após 1802. Em nenhum momento, as Leis Mackau consideravam o fim da escravidão nas colônias; tratava-se de "humanizá-la", de suprimir seus aspectos mais violentos, aqueles que reapareciam sistematicamente nas acusações dos abolicionistas, mas não se previa seu fim. Essa reforma se inseria plenamente em uma visão de "escravidão eterna", como repetira Pierre-Victor Malouet, político e dono de uma propriedade colonial, no final do século XVIII. Assim, em meados do século XIX, permanecia a clivagem entre os que não conseguiam conceber um mundo colonial sem escravos e os que propunham seu desaparecimento, mesmo que fosse gradual e durasse várias gerações.

Os colonos se preocuparam com essas leis e procuraram, por intermédio dos conselhos soberanos, limitar sua aplicação, enquanto a Sociedade pela Abolição da Escravatura denunciava sua inconsistência.

Nesse contexto, a situação nas colônias ficava bloqueada, ao passo que as tensões sociais aumentavam, como mostra a *Histoire de l'esclavage pendant les deux dernières années* (História da escravidão nos últimos dois anos), de Victor Schœlcher, publicada em dois volumes, em 1847, verdadeira peça de acusação contra os fazendeiros, que levavam as colônias a uma explosão que seria incontrolável.

A ABOLIÇÃO FRANCESA DE 27 DE ABRIL DE 1848

A queda da Monarquia de Julho desobstruiu rapidamente a situação nas colônias: a instauração da Segunda República, graças à rebelião parisiense de 23 a 25 de fevereiro de 1848, abriu imediatamente o caminho para o processo abolicionista. De fato, os que formaram imediatamente o governo provisório dessa nova República eram abolicionistas militantes: Alphonse de Lamartine era o líder, François Arago, ministro da Marinha e das Colônias, e Alexandre Ledru-Rollin também fazia parte do governo. Já em maio de 1844, em um debate na Câmara dos Deputados, ele havia denunciado que as reformas do regime da escravidão não estavam sendo aplicadas:

> Não venhais dizer que buscam, com medidas prudentes, preparar os escravos para a liberdade. Uma vontade egoísta, cega, opiniática, será mais forte,

mais poderosa que vossas frouxas e ineficazes vontades. Não! Não! Esses recursos insuficientes e gastos, já desconsiderados e estéreis por antecipação, não podem mais satisfazer aos corações humanos e generosos, pois isso significa hoje e sempre a imobilidade absoluta diante do crime da escravidão. Os grilhões que vós não desejais abrir, chegará o dia em que os escravos os abrirão em meio a sangue e carnificina. Lembrai-vos de São Domingos.

Já em 3 de março de 1848, Arago nomeou Victor Schœlcher, que retornou do Senegal no mesmo dia, subsecretário de Estado para as Colônias, com a missão explícita de resolver a questão da escravidão. A escolha de Schœlcher para essa missão foi uma clara escolha política: ao longo de seus inúmeros textos, desde o início dos anos 1840, esse republicano convicto, próximo da maçonaria, havia demonstrado que somente uma abolição imediata da escravatura podia evitar um levante geral das ilhas. No dia 4 de março, foi nomeada uma comissão para preparar o decreto de abolição, pois Schœlcher desejava avançar rápido, sem esperar as eleições legislativas previstas para o final de abril, temendo que uma maioria conservadora fosse eleita e adiasse indefinidamente a abolição. As instruções dadas a essa comissão haviam sido formuladas pelo governo provisório em termos explícitos:

O governo da República, considerando que mais nenhuma terra francesa pode possuir escravos, decreta: uma comissão é instituída junto ao ministro provisório da Marinha e das Colônias para preparar, o mais rápido possível, o ato de emancipação imediata em todas as colônias da República [...]

A comissão começou os trabalhos em 6 de março: nenhum delegado dos colonos foi designado a participar. Estando definido o princípio da abolição imediata, os debates trataram das modalidades de operacionalização da "liberdade geral", principalmente das obrigações de trabalho e de residência nas *plantations* dos "novos livres", do futuro dos "jardins negros", atribuídos aos escravos, mas que permaneciam sendo propriedade do senhor, da outorga de créditos aos ex-escravos para auxiliá-los a se instalarem, e da plena cidadania dada aos novos livres.

O decreto foi assinado em 27 de abril de 1848, data oficial do fim da escravidão nas colônias francesas:

> O governo provisório,
>
> Considerando que a escravidão é um atentado contra a dignidade humana;
> Que, destruindo o livre-arbítrio do homem, ela suprime o princípio natural do direito e do dever;
> Que é uma violação flagrante do dogma republicano, Liberdade, Igualdade, Fraternidade;

Considerando que, se medidas efetivas não acompanharem a proclamação já feita do princípio da abolição, isso poderá provocar nas colônias as mais deploráveis desordens,

Decreta:

1º – A escravidão será totalmente abolida em todas as colônias e possessões francesas, dois meses após a promulgação do presente decreto em cada uma delas. A partir da promulgação do presente decreto nas colônias, será proibido todo castigo corporal, toda venda de pessoas não livres.

2 – O sistema de engajamento com tempo determinado é suprimido no Senegal.

3 – Os governadores ou comissários gerais da República são encarregados de aplicar a totalidade das medidas destinadas a garantir a liberdade na Martinica, Guadalupe e dependências, na Ilha da Reunião, na Guiana, no Senegal, e em outros estabelecimentos franceses da costa ocidental da África, na ilha de Mayotte e dependências e na Argélia.

4 – São anistiados os ex-escravos condenados a penas aflitivas ou correcionais por fatos que, imputados a homens livres, não teriam acarretado esse castigo. Os indivíduos deportados por medida administrativa são trazidos de volta.

5 – A Assembleia Nacional decidirá sobre a quota de indenização a ser concedida aos colonos.

6 – As colônias purificadas da servidão e as possessões da Índia serão representadas na Assembleia Nacional.

7 – O princípio de que o solo da França liberta o escravo que o toca é aplicado às colônias e possessões da República.
8 – No futuro, mesmo em país estrangeiro, é vedado a qualquer francês possuir, comprar ou vender escravos e participar, seja diretamente, seja indiretamente, de qualquer tráfico ou exploração desse tipo. Qualquer infração a essas disposições acarretará a perda da qualidade de cidadão francês. Contudo, os franceses atingidos por essas proibições, no momento da promulgação do presente decreto, terão um prazo de três anos para se adaptar a ele. Aqueles que se tornarem proprietários de escravos em país estrangeiro, por herança, doação ou casamento, deverão, com a mesma pena, libertá-los ou aliená-los dentro do mesmo prazo, a partir do dia em que sua posse tiver iniciado.
9 – O ministro da Marinha e das Colônias e o ministro da Guerra ficam encarregados, cada um em sua área, da execução do presente decreto.
10 – Os membros do governo provisório da República Francesa – Assinado: Dupont (do departamento Eure), Lamartine, Marie, Garnier-Pagès, Ledru-Rollin, Arago, Ad. Crémieux, Louis Blanc, Flocon, Armand Marrast, Albert (operário).

Dentre as disposições desse decreto, afirmava-se o princípio da indenização dos proprietários de escravos (artigo 5), o que implicava em eliminar um encargo financeiro longamente debatido pelos abolicionistas. Voltaremos a esse ponto no capítulo seguinte.

O decreto devia entrar em vigor em cada território dois meses após sua proclamação oficial pelo governador. Na Martinica, uma revolta eclodiu na região de Le Carbet em 22 de maio: o governador Rostoland antecipou a proclamação sem esperar a chegada de Perrignon, portador oficial do decreto; em Guadalupe, para acabar com as reuniões de escravos nas *plantations*, a abolição foi proclamada em 27 de maio; na Guiana, a abolição efetiva ocorreu em 10 de junho; em Reunião, por fim, somente em 20 de dezembro o representante da República, Joseph Sarda-Garriga, proclamou oficialmente o fim da escravidão.

Os anos que seguiram foram marcados por distúrbios, ligados em parte à questão dos lotes de terra atribuídos aos escravos, os quais os proprietários quiseram reintegrar às suas propriedades. Na maioria dos casos, as ocupações desses lotes pelas famílias que se recusaram à expulsão impediram os senhores de levar seus projetos a cabo, e muitas ocupações ilegais desses lotes foram a seguir legalizadas por atos notariais, o que formou as estruturas da pequena propriedade rural na Martinica e em Guadalupe.[3]

AS ABOLIÇÕES NAS REPÚBLICAS HISPANO-AMERICANAS

No momento em que a França, novamente república "filha de 1789", abolia a escravidão em suas colônias, o ex-mundo colonial espanhol se tornara um verdadeiro mosaico de Estados independentes (o projeto da Grande Colômbia, de Miranda e depois Bolívar, fragmentara-se em várias repúblicas: Venezuela, Colômbia, Bolívia, Equador, Peru, Panamá...). Todos esses novos Estados praticavam a escravidão desde as origens da conquista espanhola no século XVI. Nenhuma dessas independências, entre 1810 e 1825, impostas a uma Espanha impossibilitada de se opor, foi acompanhada do fim da escravidão: todos os *libertadores* provinham da alta sociedade colonial espanhola e eram proprietários de escravos, alguns em grande escala, como Simón Bolívar. Nos Estados Unidos, o esquema fora idêntico. Nas Américas, as independências coloniais não significaram a abolição da escravidão. Somente a independência do Haiti seguiu um caminho diferente: a abolição precedera a independência e até a desencadeara. Quando Bolívar estava no Haiti, em janeiro de 1816, ele negociou ajuda material (armas e munições) com Alexandre Pétion, presidente do país, e lhe perguntou: "Devo anunciar à posteridade que Alexandre Pétion é o libertador de minha pátria?". Este respondeu: "Não, prometa-me que abolirá a escravidão dos negros nos lugares em que você assumir o comando." Não foi atendido: Bolívar libertou os escravos que haviam combatido em seu exército, seguindo a tradição, mas não tocou no sistema das *plantations* em si.

O processo que levou ao fim da escravidão em toda a América hispânica durou cerca de três décadas, de acordo com o lugar ocupado pela escravidão em cada economia e sociedade. Observemos que a primeira colônia espanhola que a aboliu foi Santo Domingo, a parte da ilha que ficara sob domínio espanhol após a divisão de 1697: em 1822, o Haiti, então presidido por Boyer, anexou a totalidade da parte espanhola e aboliu imediatamente a escravidão, o que Toussaint Louverture fizera em 1801. No entanto, esse gesto foi logo anulado pelo retorno dos espanhóis no ano seguinte. Em Santo Domingo (atual República Dominicana), a escravidão abolida por "direito de conquista" nunca foi restabelecida.

O Chile aboliu a escravidão em 1823, seguido pela Bolívia em 1826 e pelo México em 1829. Após esse primeiro grupo, as abolições foram tardias: 1851, na Colômbia, 1854, na Argentina e na Venezuela – embora fosse a pátria de Bolívar... –, 1855, no Peru, e 1873, em Porto Rico, território ainda sob domínio espanhol. Cuba, ao menos nominalmente ainda colônia espanhola, manteve o regime da escravidão até à abolição gradual entre 1880 e 1886, isto é, às vésperas da guerra entre Estados Unidos e Espanha, que transformou Porto Rico em protetorado norte-americano e pôs Cuba sob a tutela dos Estados Unidos. Nesse período, a escravidão havia desaparecido totalmente das Américas. No Brasil, ela foi abolida em 13 de maio de 1888.

HOLANDA, SUÉCIA E DINAMARCA

A Holanda possuía o Suriname, terra de escravidão em massa, sempre permeada por revoltas de grande amplitude e marcada por uma marronagem muito facilitada pela onipresença da densa floresta, habitada por populações ameríndias não submetidas ao colonizador. Mas, convém lembrar, os Países Baixos não tiveram movimentos antiescravistas marcantes. Assim, a escravidão perdurou até 1863 nas ilhas holandesas e no Suriname.

A Suécia aboliu a escravidão em São Bartolomeu, no Caribe, em 1847 (a ilha voltará a ser francesa em 1877).

A abolição francesa de 1848 acarretou a das ilhas dinamarquesas: Ilhas Virgens, São Tomás, São João e Santa Cruz.

OS ESTADOS UNIDOS: GUERRA CIVIL E FIM DA ESCRAVIDÃO

A escravidão nos Estados Unidos e sua abolição ocupam um lugar à parte no conjunto das Américas, primeiro pelo peso cada vez maior da União na economia mundial, nas relações internacionais ao longo do século XIX e, enfim, pela importância do sistema escravagista que vigorou nesse país.

A formação do Estado, em 1787, pôde se consolidar e inscrever seu funcionamento constitucional por meio de um acordo entre os Estados do Norte, onde a escravidão fora pouco a pouco abolida, e os do Sul, onde a economia repousava em grande parte no trabalho forçado, para a produção de fumo, de algodão, de açúcar, entre outros.

Inscrita na Constituição de 1787, a escravidão não podia ser abolida por uma lei ordinária, mas por uma emenda constitucional. A entrada maciça de novos estados na União alterou sistematicamente o equilíbrio entre "estados escravagistas" e "estados livres": os novos estados reforçaram o campo escravagista, o que dificultava um voto reformador no Senado, pois cada estado era representado por dois senadores.

Foram muitos conflitos ao longo do século XIX, até a ruptura de 1860, consecutiva à eleição de Abraham Lincoln – cujos vínculos com os antiescravistas eram notórios – para a presidência: 11 estados deixaram a União para formar uma "Confederação" distinta, em 4 de fevereiro de 1861. A guerra entre os dois blocos começou imediatamente; ela durou 4 anos e foi marcada por confrontos extremamente violentos. Foi a primeira guerra "moderna" e terminou, em junho de 1864, com a derrota do Sul para o Norte, muito mais industrializado. A abolição da escravatura foi imediatamente proclamada por Lincoln: a 13ª emenda, adotada pelo Congresso em 6 de dezembro de 1865, estipula: "Nem escravidão nem servidão voluntária, a não ser como punição de um crime cujo culpado tiver sido devidamente condenado, existirão nos Estados Unidos ou em nenhum dos lugares submetidos à sua jurisdição".

Nenhuma indenização foi concedida aos ex-proprietários de escravos.

O BRASIL: ÚLTIMO BASTIÃO DA ESCRAVIDÃO

A luta contra o tráfico só foi aceita tardiamente no Brasil. A primeira medida tomada nesse campo, sob forte pressão inglesa, foi a lei votada em 1831, vetando a introdução de novos escravos, mas ela não foi aplicada. Ainda por injunção britânica, que vinha inspecionar os navios brasileiros até em suas águas territoriais em virtude de um tratado assinado entre os dois países em 1845, o Brasil promulgou uma lei, em 4 de setembro de 1850, que proibia o tráfico, do qual o artigo 3 oferecia uma definição bastante ampla:

> São autores do crime de importação ou de tentativa de importação o proprietário, o capitão ou o comandante do navio, o piloto e o contramestre do navio, assim como o supercargo. São cúmplices a tripulação e aqueles que auxiliarem o desembarque dos escravos no território brasileiro, bem como os que ajudarem a ocultá-lo das autoridades, impedir o apresamento em alto-mar ou as medidas legais após o desembarque.

Embora o tráfico tenha prosseguido – conforme mostram os dados –, o poder central procedia a uma mudança. Em 1854, a Lei Nabuco de Araújo, ministro da Justiça, previa pesadas sanções contra os poderes locais que se tornassem cúmplices de tráfico de escravos. Neste novo contexto legislativo, o tráfico perdeu força e cessou totalmente em 1856, ainda que depois de vários anos de intensa atividade negreira. Em 1854 e 1855, mais de 55 mil escravos entraram no país, como se os fazendeiros tivessem antecipado uma proibição total efetiva iminente.

A abolição da escravatura se revelava como uma hipótese distante. De fato, a caminhada foi longa, pontuada por uma série de medidas importantes, mas longe de uma perspectiva de supressão total da servidão. A mais importante dessas leis foi a do Ventre Livre, de 28 de setembro de 1871: toda criança que nascesse de uma mãe escrava ("ingênua") era livre ao nascer; todavia, ela devia permanecer na casa do senhor de sua mãe até os 21 anos e trabalhar de acordo com sua idade. O fim da escravidão seria, portanto, muito progressivo.

Uma nova etapa foi ultrapassada em 1880: a Lei dos Sexagenários libertava os escravos de mais de 60 anos, com uma compensação financeira para o proprietário paga pelo Estado, mas, entre 60 e 65 anos, o escravo libertado devia ainda serviços a seu senhor, pois sua plena liberdade seria adquirida aos 65 anos.

Considerando a expectativa de vida desses escravos, a lei não atingiu muitos deles e não ameaçava o funcionamento das *plantations*. A lei de abolição total ocorreu em 13 de maio de 1888. A Lei Áurea veio depois que muitas cidades e estados inteiros libertaram seus escravos. Entre eles, o Ceará e o Amazonas anteciparam a decisão nacional inevitável que tardava a ser tomada. Por essa Lei Áurea, o Brasil era o último país a abolir a escravidão, pelo menos aquela oriunda da colonização europeia inaugurada nesta parte do mundo bem no início do século XVI.

NOTAS

[1] Ver *infra*, "A França e o caminho rumo à segunda abolição", p. 97.
[2] Ver *supra*, "A França e o caminho rumo à segunda abolição", p. 97.
[3] Ver C. Chivallon, *Espace et identité à la Martinique. Paysannerie des mornes et reconquête collective (1840-1960)*, Paris, Éditions du CNRS, 1998.

A QUESTÃO
DA INDENIZAÇÃO

Bem antes das primeiras medidas de emancipação dos escravos, a questão da indenização dos proprietários[1] foi objeto de debates que opunham os que consideravam o escravo uma propriedade legítima, cujo proprietário devia receber uma indenização em caso de abolição legal, e aqueles que afirmavam que a propriedade de um homem sobre outro era sempre uma violência ilegítima e, consequentemente, que nenhum valor podia ser outorgado se a lei restabelecesse plenamente os direitos da natureza, abolindo a escravidão.

Fundamentada nos princípios enunciados pelo Iluminismo do século XVIII, a recusa de considerar a propriedade de um escravo como legítima e, portanto, sagrada e inviolável, constitui a base da recusa de indenizar os senhores em caso de abolição legal da escravidão. Sobre esse ponto, a posição de Condorcet, desde 1781, é a mais clara e radical:

> Resulta de nossos princípios que esta justiça inflexível, à qual os reis e as nações se submetem, assim como os cidadãos, exige a destruição da escravidão.
> Mostramos que essa destruição não prejudicaria nem o comércio nem a riqueza de cada nação, já que não resultaria disso nenhuma diminuição na cultura.
> Mostramos que o senhor não tinha nenhum direito sobre seu escravo, que a ação de mantê-lo cativo não é o gozo de uma propriedade, mas um crime; que, libertando o escravo, a lei não ataca a propriedade, mas deixa de tolerar uma ação que ela deveria ter punido com pena capital. Portanto, o soberano não deve nenhum reembolso ao senhor dos escravos, assim como não deve a um ladrão, que um julgamento privou da posse de algo roubado. A tolerância pública de um crime absolve da pena, mas não pode estabelecer um verdadeiro direito sobre o proveito do crime.

A QUESTÃO DA INDENIZAÇÃO

> O soberano pode, com mais razão ainda, estabelecer todas as restrições que julgar convenientes à escravidão, e submeter o senhor aos tributos, aos incômodos que desejar lhe impor. Um tributo sobre as terras, sobre as pessoas, sobre o consumo pode ser injusto, porque ataca a propriedade e a liberdade, sempre que não for uma condição, ou necessário à manutenção da sociedade, ou útil àquele que paga imposto. Mas, já que os donos de escravos não têm sobre eles um verdadeiro direito de propriedade, já que a lei que os submeteria a tributos conservaria para eles o usufruto de algo, do qual não somente ela tem o direito de privá-los, mas que o legislativo é obrigado a suprimir se quiser ser justo: essa lei não poderia ser injusta com eles, por algum sacrifício pecuniário que os levasse a obter uma maior impunidade de seu crime.[2]

Mesmo sendo legal, a legislação da escravidão é ilegítima, pois se opõe radicalmente às leis da natureza. Cyrille Bissette, em 1835, invertia o raciocínio dos senhores: como o escravo nunca é uma propriedade legítima, a abolição da escravatura não pode ser considerada como atentado à propriedade, mas, ao contrário, como a restauração do verdadeiro direito de propriedade, já que o escravo recupera a propriedade de sua pessoa; indenizar aquele que possuía ilegitimamente um homem seria imoral.

Em contrapartida, os partidários de uma indenização dos senhores defendiam o necessário respeito ao direito de propriedade. Para eles, a escravidão – e o tráfico de que se origina – é legítima e perfeitamente legal: os Estados encorajaram sistematicamente essas práticas, financiaram-nas e protegeram por meio de um importante arsenal legislativo e fiscal. Privando os proprietários de escravos de suas propriedades, a abolição é sempre apresentada como uma violação do direito de propriedade que deve resultar em uma indenização, como acontece com qualquer tipo de expropriação originada por interesse público.

Em 1791, o deputado Louis-Marthe de Gouy-d'Arsy, membro do Clube Massiac, lembra que os armadores e os colonos investiram na escravidão sob a proteção da lei e que, por conseguinte, o Estado não pode espoliá-los; assim, a propriedade sobre os escravos é um direito inviolável e sagrado, garantido pelas leis fundamentais das nações da Europa ocidental e inscrito em dois dos artigos da Declaração dos Direitos do Homem e do Cidadão, de 1789 (artigos 2 e 17).

Na Inglaterra, em 1831, o deputado colonial William Burge afirma na Câmara dos Comuns:

> Tanto a lei quanto os costumes reconhecem o direito de propriedade do senhor sobre seu escravo negro [...] Mesmo que a lei e os costumes possam ser considerados incorretos e devam ser modificados, ainda assim continuam sendo a lei e os costumes e devem, por isso, ser respeitados.

A QUESTÃO DA INDENIZAÇÃO

Em 25 de maio de 1833, Lamartine também proporia, na Câmara dos Deputados, uma saída pacífica da escravidão, que não levaria à perda do direito de propriedade dos senhores, já que a abolição inevitável devia ser considerada como o resgate dos escravos pela Nação:

> Quem se beneficia com a emancipação? Primeiramente, os escravos, que recuperam a liberdade, a família, a propriedade, a vida humana. A seguir, os colonos, que trocam uma propriedade perigosa, ameaçadora, ilegítima diante de Deus e dos homens, por uma propriedade de direito comum, por uma propriedade que não leva seu possuidor nem a enrubescer nem a tremer. Por fim, quem se beneficia com a emancipação? A sociedade, que resgata o princípio inalienável da dignidade humana e que se reabilita aos seus próprios olhos. A sociedade, o colono, o escravo têm, pois, igual interesse na emancipação.

Desse modo, tanto nos debates franceses quanto ingleses, uma ampla corrente da opinião pública, ouvida pelos poderes legislativos, considerava o escravo uma propriedade "comum", legítima e, portanto, inviolável, salvo mediante um "justo e prévio reembolso" pago ao proprietário. Esse será o sentido do artigo 5 do decreto de 27 de abril de 1848, que abole a escravidão nas colônias francesas: "A Assembleia Nacional decidirá o valor do reembolso que deverá ser concedido aos colonos." Para a aplicação desse artigo, instaurou-se uma "comissão do reembolso", que vigoraria até o final da década de 1850,[3] examinando caso a caso os pedidos de indenização dos senhores.

A indenização dos donos de escravos foi uma prática quase sistemática ao longo do século XIX, à exceção dos Estados Unidos, onde a abolição foi imposta ao Sul pela derrota na Guerra Civil: nenhum proprietário que perdeu suas "propriedades humanas" recebeu reembolso. Nos outros territórios escravagistas, a indenização, que frequentemente resultava de negociações complexas, representou entre 40% e 100% do valor estimado dos escravos libertos; comissões foram encarregadas de estudar os processos abertos pelos proprietários e avaliar o valor a pagar.

Nas colônias francesas, a média de reembolso foi de 40%; em Porto Rico, de 100%; nas colônias britânicas e holandesas, de 50%, e de 23% nas colônias dinamarquesas.

Lembremos que a primeira abolição francesa, pelo decreto da Convenção Nacional, de 4 de fevereiro de 1794 (16 pluvioso do ano II), não previa nenhum reembolso. O restabelecimento da escravidão por Napoleão em 1802 (único exemplo de uma abolição anulada oito anos depois) levou os colonos que haviam recuperado suas propriedades humanas a não fazerem campanhas para reivindicar indenização.

A QUESTÃO DA INDENIZAÇÃO

O caso de São Domingos é atípico: a escravidão foi abolida por uma insurreição e nunca foi restabelecida. Isso é radicalmente diferente do que foi aplicado em quase todas as colônias de escravos, onde os proprietários receberam indenizações, maiores ou menores, mas que reconheciam sua situação de "espoliados" pela decisão legislativa de supressão da escravidão. O voto, na Convenção Nacional, da abolição geral da escravidão legalizava as decisões tomadas em São Domingos; esse voto não correspondia absolutamente a um projeto bem amadurecido. Como a abolição da escravatura foi sempre considerada gradual e aplicada em período de paz, essa abolição imediata, sem nenhuma medida transitória, era a resposta política a um perigo iminente para as colônias.

Nesse contexto excepcional de uma abolição revolucionária, não se tratava de indenizar os proprietários bruscamente privados de seus escravos. Foi a posição sempre defendida por Condorcet, citada anteriormente, que foi aplicada. No período revolucionário, essa atitude não variou, e nenhum reembolso foi concedido aos colonos.

Em compensação, os colonos que fugiram do Haiti, principalmente para escapar dos massacres, receberam um auxílio quase imediato: na Filadélfia, em Boston ou em outros portos dos Estados Unidos, as autoridades francesas lhes enviaram ajuda; na metrópole, essa ajuda foi rapidamente implementada: entre 1793 e 1799, foi tomada uma série de medidas aplicáveis aos colonos, particularmente os de São Domingos, garantindo auxílio às famílias dos refugiados sob certas condições. Essas medidas foram prorrogadas e alteradas ao longo de todo o século XIX, até o início dos anos 1870. No decorrer das décadas, os beneficiários – frequentemente muito modestos – foram os descendentes de colonos. Esse auxílio, de natureza "humanitária", não pode ser absolutamente considerado uma indenização desses colonos pela perda desses escravos.

De natureza diferente foi a indenização dos colonos imposta à República do Haiti por uma portaria de Carlos X de 17 de abril de 1825: a França reconhecia a independência de sua ex-colônia, desde que esta pagasse uma indenização de 150 milhões de francos-ouro, destinada e reembolsar os bens dos colonos obrigados a deixar a colônia entre 1793 e 1804. Em meio a múltiplas adversidades, a República do Haiti pagou à França essa indenização colonial, que o Tratado de 1838 reduziu a 90 milhões dentro de um prazo de 30 anos. Tratava-se de um "reembolso" no valor dos mais de 460 mil escravos que se libertaram? Nenhum dos textos relativos a esse trâmite financeiro complexo evoca este ponto: para avaliar a soma devida a cada colono, contabilizaram-se as propriedades fundiárias e imobiliárias (terras, moradias, engenhos de açúcar, cafezais, armazéns...); nos numerosos arquivos produzidos por esse trâmite longo e árduo, jamais se menciona o número de escravos. Contudo, o que valiam esses meios de produção sem a mão de obra escrava que os fazia funcionar? O debate sobre essa questão segue aberto.

Uma diferença capital faz desse "reembolso de São Domingos" um procedimento único nos processos de fim da escravidão: por toda parte em que houve indenização foram os orçamentos das potências coloniais que pagaram aos colonos "espoliados" o valor estimado de seus escravos. A indenização de São Domingos, ao contrário, imposta aos haitianos pela portaria de Carlos x em troca do reconhecimento diplomático de sua independência, foi paga por eles mesmos. Foi a República do Haiti que pagou à França, por intermédio de uma instituição financeira pública, a Caisse des Dépôts, as anuidades destinadas a serem transferidas aos ex-colonos, de acordo com os processos que eles próprios haviam constituído. Para pagar essa dívida "da independência", os sucessivos governos haitianos impuseram um tributo em café aos camponeses que receberam os lotes das grandes propriedades coloniais abandonadas. Assim, foi a exportação do café produzido por eles que indenizou os ex-colonos. Um procedimento de natureza bem diferente do que se chama, em outras situações, de "indenização da abolição".

NOTAS

[1] Para uma síntese sobre a indenização após a abolição da escravatura, ver F. Beauvois, *Indemniser les planteurs pour abolir l'esclavage? Entre économie, éthique et politique, une étude des débats parlementaires britaniques et français (1788-1848) dans une perspective comparée*, Paris, Dalloz, 2013.

[2] Condorcet, *Réflexions sur l'esclavage des Nègres, par M. Schwartz, pasteur du Saint-Évangile à Bienne*, 1781; rééd. 1788, puis in *La Révolution française et l'abolition de l'esclavage. Textes et documents*, Paris, EDHIS, 1968, t. VI, chapitre VII: "Qu'il faut détruire l'esclavage des Nègres, et que leurs maîtres ne peuvent exiger aucun dédommagement."

[3] Sobre o longo processo de indenização dos colonos franceses após a abolição de 1848, ver C. Ernatus, *Indemnité coloniale en Guadeloupe. Martinique et Guyane entre 1848 et 1860. Monnaie de pierre, monnaie de sable, monnaie de sang*, tese de doutorado orientada por F. Démier, Universidade Paris X-Nanterre, 2004.

O FUTURO
DAS SOCIEDADES
PÓS-ESCRAVAGISTAS

O DESTINO DAS COLÔNIAS: RUMO À NOVA COLONIZAÇÃO?

A abolição da escravidão ameaçava todo o sistema de produção agrícola que diferenciava as colônias da zona tropical: cultura extensiva de gêneros tropicais que passaram a ser uma necessidade de consumo corrente na Europa e na América do Norte, até mesmo para as classes médias e populares – açúcar, café, cacau, algodão e índigo para os têxteis... Essas produções repousavam em uma base dupla: a grande propriedade e o trabalho dos escravos. Os colonos haviam defendido sistematicamente seu modo de produção (e de poder), afirmando que, sem escravos, mais nenhum desses produtos abasteceria o mercado mundial, pois nenhum trabalhador livre aceitaria esse trabalho, e os que aceitassem seriam raros e muito caros...

Muitos abolicionistas que acabaram por impor o fim da escravidão compartilhavam desse ponto de vista: liberando os escravos, eles buscavam liberar a força de trabalho, não suprimi-la. Desde a primeira abolição, proclamada por Sonthonax em São Domingos, o caminho estava traçado por esta advertência lançada aos "novos libertos":

> No entanto, não creiam que a liberdade de que irão usufruir seja um estado de preguiça e de ócio. Na França, todo mundo é livre, e todo mundo trabalha; em São Domingos, submetidos às mesmas leis, vocês seguirão o mesmo exemplo. De volta às suas oficinas ou aos seus ex-proprietários, vocês receberão um salário por seus esforços; não se submeterão mais à correção humilhante outrora infligida; não serão mais a propriedade de alguém; serão os senhores de si mesmos, e viverão felizes [...].
> Seus caluniadores e seus tiranos dizem que o africano tornado livre não trabalhará mais; de-

monstrem que eles estão errados; multipliquem seu zelo à visão do preço que os aguarda; provem à França, com sua atividade, que, com sua associação aos interesses dela, ela realmente teve um ganho de recursos e de meios.

A escravidão abolida não significava o fim do trabalho: os ex-escravos precisavam permanecer nas *plantations* e trabalhar por um salário. O Règlement de Culture (Regimento do Cultivo) que seguia a proclamação da abolição estabelecia as regras do novo *status*:

> ARTIGO PRIMEIRO – A Declaração dos Direitos do Homem e do Cidadão será impressa, publicada e afixada onde for necessária, a cargo das prefeituras, nas cidades e burgos, e dos comandantes militares, nos campos e postos.
>
> II – Todos os negros e mestiços, atualmente escravos, são declarados livres para usufruir de todos os direitos de um cidadão francês; entretanto, eles estarão sujeitos a um regime cujas disposições estão contidas nos artigos seguintes.
>
> III – Todos esses escravos irão se inscrever, assim como as suas mulheres e filhos, na prefeitura de seu local de domicílio, onde receberão seu documento de cidadão francês, assinado pelo comissário civil. [...]
>
> IX – Os negros atualmente ligados às moradias de seus ex-donos deverão ali permanecer; serão empregados no cultivo da terra.

XI – Os escravos agricultores serão contratados por um ano, durante o qual não poderão se mudar sem a permissão dos juízes de paz, explicitada abaixo, e nos casos por nós determinados.

Essa política agrária será retomada e reforçada pelos poderes sucessivos, no contexto da colônia, e depois, do Estado haitiano. A Constituição de Toussaint Louverture, de julho de 1801, retomou e reforçou o regulamento de Sonthonax:

> Art. 14 – Como a colônia é essencialmente agrícola, ela não pode sofrer a menor interrupção nos trabalhos de suas culturas.
>
> Art. 15 – Cada moradia é uma manufatura que exige a união de cultivadores e de operários; é o refúgio tranquilo de uma ativa e constante família; o proprietário do solo ou seu representante é necessariamente o pai.
>
> Art. 16 – Cada agricultor e operário é membro da família e porcionário nos rendimentos. Toda mudança de domicílio por parte dos agricultores leva à ruína das culturas.
>
> Para reprimir um vício tão funesto à colônia quanto contrário à ordem pública, o governador estabelece todos os regulamentos que as circunstâncias necessitarem e de acordo com as bases do regulamento de polícia do dia 20

vindemiário do ano IX, e da proclamação de 19 pluvioso seguinte, do general em chefe* Toussaint Louverture.

O regime agrário baseado nas produções de exportação foi mantido e o "trabalho assalariado" foi imposto em todo lugar: Jamaica, Barbados, Cuba, Antilhas francesas e Reunião... Esse sistema estabelecia dois *status* jurídicos diferentes para homens e mulheres, que, no entanto, eram declarados livres e iguais. O temor de uma recusa generalizada do trabalho assalariado pelos ex-escravos justificava tais derrogações aos princípios abertamente proclamados. Os recém-libertos não desejavam permanecer como trabalhadores assalariados nas *plantations* onde haviam sido escravos, mas queriam dispor de um lote de terra para viverem de seu próprio trabalho e se tornarem agricultores, em uma propriedade familiar, e não empregados agrícolas.

O exemplo da Martinica é esclarecedor sobre esse ideal. Após a proclamação da abolição em maio de 1848, uma grande inquietação tomou conta da população: os microlotes atribuídos aos escravos pelos senhores (os "jardins negros") iam ser recuperados e reintegrados à *plantation*? Esse temor, muitas vezes confirmado, desencadeou uma onda de ocupações des-

---

* N.T.: Posto instituído durante a Revolução Francesa e que corresponde hoje a comandante em chefe.

ses terrenos, até dos morros vizinhos, por famílias, em geral por iniciativa das mulheres. O historiador Gilbert Pago mostrou a amplitude desse tipo de insurreição espontânea e as repercussões que ela teve sobre as populações recém-saídas da escravidão. Apesar das medidas às vezes violentas e da instauração do "delito de vagabundagem", os lotes continuaram essencialmente nas mãos dos ex-escravos.[1] A geógrafa Christine Chivallon, em um estudo de longa duração, mostrou que essa resistência popular ao desaparecimento da pequena propriedade rural pós-escravagista na Martinica possibilitou a manutenção desses microlotes até os anos 1960 e 1970, quando o êxodo rural maciço, para as cidades e para a metrópole, pôs um termo nisso.[2]

No entanto, apesar das mobilizações por um trabalho independente, fora das *plantations* de tipo colonial, esse sistema dominante foi mantido em todos os ex-territórios escravagistas.

OS ENGAJADOS

Para enfrentar a penúria de mão de obra que seguiu imediatamente à recusa do trabalho assalariado por boa parte dos recém-libertos, e como a legislação impositiva era bem pouco eficaz, os proprietários de *plantations*, auxiliados pelo poder público, rapidamente organizaram o recrutamento de "trabalhadores engajados" para garantir o funcionamento da agricultura e das indústrias de processamento das produções, principalmente do açúcar. Assim, o engagismo sucedeu à escravidão. O primeiro navio de engajados indianos chegou a Saint-Pierre, na Martinica, em maio de 1853, ou seja, cinco anos após a abolição da escravatura. O recrutamento desses engajados se dirigira primeiramente para a África: o governo de Napoleão III contratou a companhia comercial de Marselha Régis para recrutar 20 mil engajados africanos para as Antilhas.³ Devido às campanhas denunciando uma nova forma de tráfico, o recrutamento se voltou para a Ásia: chineses e japoneses foram levados em pequeno número, mas o apelo aos indianos se revelou a melhor solução, já praticada em grande escala pela Inglaterra para suas colônias, onde a escravidão fora abolida em 1833. Napoleão III e a rainha Vitória assinaram um tratado, em julho de 1861, para organizar o recrutamento de indianos, sob a autoridade britânica, para as colônias francesas das Antilhas e da Reunião:

> Nenhum emigrante poderá embarcar sem que os agentes britânicos tenham averiguado que o emigrante não é súdito britânico, ou, se for súdito britânico, que ele é livremente engajado, que tem pleno conhecimento do contrato que assinou [...]

No total, essas contratações envolveram cerca de 3 milhões de trabalhadores, encarregados de realizar as tarefas outrora atribuídas aos escravos. Para a França, o último comboio de engajados chegou a

Guadalupe em 1892; para a Inglaterra, o engagismo continuou até 1917. A amplitude do fenômeno salienta, por outro lado, a força de trabalho dos escravos na promoção da riqueza das colônias e a rejeição dos recém-libertos a essa forma de trabalho, tão logo foi possível.

HAITI: ÚNICA SOCIEDADE CAMPONESA DO CARIBE

O único exemplo radicalmente diferente é o da sociedade haitiana, herdeira direta da poderosa colônia francesa de São Domingos, que contava com mais de 500 mil escravos às vésperas de uma revolução que impôs a eliminação da escravidão e a independência da ilha. No momento da abolição, e por muito tempo após a independência, o projeto dos novos governos era a manutenção da matriz exportadora e, consequentemente, do trabalho dos ex-escravos nas *plantations*, devolvidas em um primeiro tempo aos ex-colonos e depois transferidas para uma nova elite depois de 1804. Toussaint Louverture havia até mesmo previsto, no artigo 17 de sua Constituição, a "introdução dos cultivadores indispensáveis ao restabelecimento e ao aumento das culturas". Teria antecipado o engagismo ou uma nova forma de tráfico?

O processo social e econômico que se instalou e que começou antes mesmo da independência frustrou esses projetos. Em três décadas, as grandes propriedades desapareceram quase totalmente no Haiti: a população desertou das *plantations* das planícies para se instalar nas terras livres dos morros e, depois, ocupar uma boa parte das ex-propriedades coloniais sem herdeiros. Uma sociedade rural de pequenos proprietários se implantou então sobre os escombros do que fora o esplendor da "Pérola das Antilhas" no século XVIII.

Em 1843, Victor Schœlcher oferecia uma descrição lúcida dessa situação por ocasião de sua viagem ao Haiti:

> Indo visitar a planície, atravessei Croix-des-Bouquets, esta vilazinha histórica que foi tão florescente; agora, é um deserto árido e esbranquiçado, onde se veem algumas cabanas esparsas à grande distância umas das outras. De todos os lados, os luxuosos engenhos de açúcar de outrora recobrem ainda a terra com suas ruínas silenciosas, e mal se distingue a vegetação desses engenhos sem telhado, onde o impiedoso senhor forçava os homens e os animais a trabalharem a céu aberto, expostos à chuva e ao sol. Os campos do Haiti estão mortos. Ali onde a escravidão produzia milhares de toneladas de açúcar, não se produz mais do que alguns víveres e xarope para fabricar aguardente. A vivaz mata de *bayaonde*** recobre com seus espinhos os canaviais, os campos, as pastagens abandonadas pela mão do

---

* N. T.: Planta da região do Caribe do gênero *Mimosa*, da mesma família das dormideiras ou sensitivas.

homem; ela invade as vilas e vem crescer nas cidades, no meio dos escombros, como se quisesse insultar seus moradores.[4]

Surgira uma sociedade camponesa no Haiti e, ainda hoje, é a única assim no Caribe. Os dados a seguir revelam a fragmentação da propriedade rural já nos primeiros anos após a Revolução.

**Distribuição por tamanho
das propriedades agrícolas em torno de 1820**

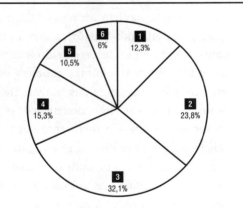

1. Propriedades de menos de 0,5 *carreau*: 12,3% (menos de 0,65 hectare)
2. Propriedades de 0,5 a 1 *carreau*: 23,8% (de 0,65 a 1,30 hectare)
3. Propriedades de 1 a 2 *carreaux*: 32,1% (de 1,30 a 2,6 hectares)
4. Propriedades de 2 a 3 *carreaux*: 15,3% (de 2,6 a 4 hectares)
5. Propriedades de 3 a 5 *carreaux*: 10,5% (de 4 a 6,5 hectares)
6. Propriedades de + de 5 *carreaux*: 6% (mais de 6,5 hectares)

1 *carreau* (medida de área utilizada na época) = 1,29 hectare

Desse modo, após 1820, 95% das propriedades haitianas dispunham de menos de 6 hectares, enquanto 56% delas tinham menos de 2,5 hectares para viver. Esse declínio da grande propriedade de tipo colonial se traduziu rapidamente pela queda nas exportações, sobretudo do açúcar, produção que simbolizava a escravidão e que, por essa mesma razão, era execrada pelos novos livres.

Exportações do Haiti (em milhões de libras)

Ano	Café	Açúcar bruto	Açúcar refinado
1790	76,8	93,2	47,5
1795	2,2	1,2	0
1801	43,4	18,5	0,02
1802	35,1	2,5	0

E nas outras colônias, o fim da escravidão abria o caminho para uma integração rápida e total dos ex-escravos à sociedade dos brancos? De início, impuseram-se restrições, como evocamos anteriormente: obrigações de residência e de trabalho foram criadas para tentar manter a mão de obra nas *plantations*. Essas obrigações não se aplicavam aos "antigos livres", mas só aos novos, que até então haviam sido escravos.[5] Criavam-se duas categorias de cidadãos, sendo que a uma delas se impunham limitações específicas. A esse sistema se acrescentou a perpetuação, até mesmo o reforço do "preconceito de cor", segundo a fórmula por muito tempo empregada para designar o racismo, a "linha de cor" (*color line*) nos Estados Unidos.⁶ Essa noção de hierarquia das cores, teorizada por Moreau de Saint-Méry, na França, perpetuou-se após o fim da escravidão, estabelecendo uma clivagem social entre populações oficialmente iguais em direitos. A longa luta pelos direitos civis dos negros norte-americanos ilustra essa clivagem através da literatura, do cinema e dos incidentes mais violentos até hoje. A herança da escravidão perdurou por muito tempo ainda após as abolições legais.

A NOVA COLONIZAÇÃO:
UTOPIAS ABOLICIONISTAS
E NOVAS EXPANSÕES EUROPEIAS

Os abolicionistas combatiam a escravidão e o tráfico negreiro, não o princípio colonial em si mesmo, exceto alguns filósofos, como Diderot, que estabelecera o princípio de que toda conquista de uma terra habitada era ilegítima. Os movimentos abolicionistas, ao contrário, propuseram vastos projetos de "novas colônias", que se baseavam em princípios radicalmente diferentes daqueles das antigas colônias resultado das descobertas do século XVI. Sem desenvolver aqui o tema, dois exemplos de dirigentes franceses que condenaram a escravidão indicam a orientação desses projetos da Nova Colonização. Étienne Clavière, presidente da Sociedade dos Amigos dos Negros, escrevia em julho de 1791:

> Os africanos não consomem as mercadorias com as quais os europeus alimentam em seu continente a carnificina e a desolação senão porque pagam com escravos? Deixarão de se vestir e de usar as bagatelas que lhes vendemos porque, ao invés de receber de suas mãos sangrentas tantas vítimas inocentes de nossa feroz avareza, nós lhes pediremos as ricas e numerosas produções com que a África pode enriquecer nossa indústria manufatureira? Não, os africanos são homens; por consequência, são suscetíveis das numerosas necessidades que sua civilização fará surgir, se em vez da funesta raiva que sopramos sem cessar em sua alma, provocarmos neles apenas especulações ou empreendimentos pacíficos, dos quais só possam resultar trocas inocentes. [...] Além das gomas, âmbar-gris, mel, marfim, peles, prata, ouro... além das madeiras mais preciosas, das drogas mais caras, todo tipo de pimentas e especiarias, lá tem também o tabaco, o arroz, o índigo, o algodão em abundância, e a preços inferiores aos de todos os mercados conhecidos. Lá se encontra, por fim, a cana de açúcar, este pretexto para tantos crimes aos quais devemos a careza desta benévola produção.[7]

Em 1796, Talleyrand traçava sem ambiguidade o caminho a seguir para antecipar a queda inelutável das colônias de escravos das ilhas da América:

> Há uma verdade sobre a qual não podemos nos calar: a questão tão indiscretamente tratada da liberdade dos negros, seja qual for o remédio que a sabedoria traga para as infelicidades que se seguiram, introduzirá, cedo ou tarde, um novo sistema na cultura dos gêneros alimentícios coloniais: faz parte da política avançar nessas grandes mudanças, e a primeira ideia que vem à mente, a que conta com mais hipóteses favoráveis, parece ser tentar essa cultura nos próprios lugares onde nasce o cultivador. [...]
>
> Do que acaba de ser exposto, resulta que tudo leva a se ocupar rapidamente de novas colônias: o exemplo dos povos mais sábios, que fizeram disso um dos grandes meios de tranquilidade, a necessidade de preparar a substituição de nossas colônias atuais, a conveniência de colocar a cultura de nossos gêneros coloniais mais perto de seus verdadeiros cultivadores; a necessidade de estabelecer com as colônias relações mais naturais, bem mais fáceis.[8]

Muitos outros abolicionistas entre o final do século XVIII e os anos 1830 desenvolveram este tema: uma nova forma de colonização será a solução alternativa para o tráfico e a escravidão, duas práticas desumanas que devastaram a África e as Américas. Sigismond de Sismondi, Carl Bernhard Wadström, abade Grégoire e, mais tarde, Charles Fourier e os saint-simonianos ou William Wilberforce lançaram essas novas concepções coloniais.[9]

Esses projetos de criação de "estabelecimentos" europeus, sobretudo nas costas da África, mas também no que se chamava na época "Oriente Médio turco", foram desenvolvidos pelo vasto movimento abolicionista, que nunca confundiu seu combate contra a escravidão com uma rejeição à colonização. Mas essa Nova Colonização devia acontecer não pela conquista, mas por meio de acordos de cooperação com os poderes locais. Essa criação de estabelecimentos europeus devia ter um objetivo "civilizador", não predador. A criação pelos abolicionistas ingleses do estabelecimento de Serra Leoa, em 1787, inseria-se nessa lógica, assim como a fundação da Libéria, em 1822, pelos abolicionistas americanos.

Seria redutor e principalmente anacrônico considerar similares os projetos antiescravista e anticolonialista. A escravidão e o tráfico negreiro, sua consequência mais odiosa, deviam desaparecer para abrir novos caminhos para uma colonização pacífica. Não era mais possível continuar a despovoar a África: era preciso levar-lhe as "Luzes ocidentais".

NOTAS

[1] Ver G. Pago, *Les Femmes et la liquidation du système esclavagiste à la Martinique (1848-1852)*, Matoury (Guyane française), Ibis Rouge, 1998.

[2] Ver C. Chivallon, *Espace et identité à la Martinique. Paysannerie des mornes et reconquête collective (1840-1960)*, Paris, Éditions du CNRS, 1998.

[3] Ver C. Flory, *De l'esclavage à la liberté forcée. Histoire des travailleurs africains engagés dans la Caraïbe française au XIXe siècle*, Paris, Karthala, 2015; para uma visão global do engagismo nas Antilhas francesas, ver Singaravélou, *Les Indiens de la Caraïbe*, Paris, L'Harmattan, 2000 (reed.), 3 vol. Para a Reunião, ver M. Moutou, *Les Engagés du sucre (1848-1898)*, Saint-André (La Réunion), Océan Éditions, 1999.

[4] V. Schoelcher, *Colonies étrangères et Haïti. Résultats de l'émancipation anglaise*, Paris, 1843.

[5] Sobre esse aspecto, para as colônias francesas, ver S. Larcher, *L'Autre Citoyen. L'idéal républicain et les Antilles après l'esclavage*, Paris, Armand Colin, 2014; ver também J.-P. Sainton, "De l'état d'esclave à 'l'état de citoyen'. Modalités du passage de l'esclavage à la citoyenneté dans les Antilles françaises sous la seconde République (1848-1850)", *Outre-mers. Revue d'Histoire*, n. 338-9 (2003), pp. 47-82.

[6] Ver o catálogo da exposição organizada pelo Musée du Quai Branly-Jacques Chirac (abril 2016-janeiro 2017): *The Color Line. Les artistes africains-américains et la ségrégation*, Paris, musée du Quai Branly-Jacques Chirac et Flammarion, 2016.

[7] É. Clavière, "Adresse de la Société des amis des Noirs, à l'Assemblée nationale, à toutes les villes de commerce, à toutes les manufactures, aux colonies, à toutes les Sociétés des amis de la Constitution; adresse dans laquelle on approfondit les relations politiques et commerciales entre la métropole et les colonies, rédigée par Étienne Clavière", Paris, Desenne, e Bureau du patriote français, 10 juillet 1791.

[8] *Essai sur les avantages à retirer de colonies nouvelles dans les circonstances présentes, lu à la séance publique de l'Institut national le 15 thermidor an V (23 juillet 1797)*, Paris, Baudouin, Imprimeur de l'Institut national, 1797.

[9] Ver as Atas da jornada de estudos organizada na Universidade Sorbonne pela Association pour l'étude de la colonisation européenne, em junho de 2016, publicadas em M. Dorigny, B. Gainot (Dir.), *Réorientations des empires et nouvelle colonisation (1804-1860)*, Paris, Éditions SPM, 2018.

CONCLUSÃO

Foi preciso quase um século para acabar com a escravidão que havia sido instalada pelos conquistadores europeus dos Novos Mundos desde o início do século XVI. Essa forma de organização do trabalho se espalhou progressivamente por todas as colônias europeias. Em primeiro lugar, aquelas da zona intertropical, produtoras das riquezas coloniais que se tornaram produtos de consumo maciço, mas também os territórios colonizados além dessa região, a

Nova França, a América do Norte e o Canadá britânico também tiveram escravos.

Por muito tempo, essa prática generalizada foi tacitamente aceita na Europa; as revoltas de escravos foram sufocadas, e o sistema foi mantido, aparentemente para a eternidade.

Nas páginas precedentes, buscamos evidenciar o quanto os escravos, desde a travessia oceânica, resistiram e recusaram essa deportação e essa escravidão: o universo escravagista sempre foi atravessado por múltiplas formas de resistência, chegando até a rebeliões armadas.

As próprias sociedades coloniais foram permeadas por novas correntes de pensamento que difundiram os ideais de exaltação à liberdade e à igualdade dos homens; o pensamento econômico se modificou lentamente e se voltou para a liberdade e a divisão do trabalho, doutrinas pouco compatíveis com o trabalho forçado.

O sistema escravocrata foi assim contestado pelas suas vítimas e, ao mesmo tempo, por aqueles que se tornaram "abolicionistas".

No entanto, como demonstramos, a destruição da escravidão colonial levou quase um século, entre 1793, data da primeira abolição, e 1888, data do último ato abolicionista. Um século em que insurreições de escravos, guerras civis, violentos confrontos ideológicos

CONCLUSÃO

e políticos se sucederam em todas as sociedades coloniais e suas metrópoles. Esse livro almejou restituir tanto quanto possível esses conflitos e seus resultados.

Enfim, a destruição da escravidão colonial abriu caminho para novas sociedades que buscaram uma via inédita de desenvolvimento pós-escravagista, onde os princípios de liberdade e igualdade foram "ajustados" para manter os esquemas fundamentais implementados há muitos séculos: a produção e exportação dos famosos "produtos coloniais", caros à Europa.

CRONOLOGIA

1688 Os *quakers* da Pensilvânia proíbem seus membros de comprar escravos.

1777 A abolição da escravatura é inscrita na constituição de Vermont (Estados Unidos).

1780 Abolição da escravatura na Pensilvânia (Estados Unidos).

1783 Abolição da escravatura em Massachusetts (Estados Unidos).

1784 Abolição da escravatura em Rhode Island e Connecticut (Estados Unidos).

1787 Fundação, em Londres, da Sociedade pela Abolição do Tráfico Negreiro. Fundação do protetorado de Serra Leoa pelos abolicionistas ingleses.

1788 Fundação, em Paris, da Sociedade dos Amigos dos Negros.

1792 Abolição do tráfico negreiro na Dinamarca, para vigorar dentro de um prazo de dez anos.

1793 Abolição da escravatura em São Domingos, após a rebelião dos escravos de agosto de 1791.

AS ABOLIÇÕES DA ESCRAVATURA

1794 Abolição da escravatura em todas as colônias francesas pelo decreto da Convenção Nacional de 4 de fevereiro (16 pluvioso do ano II).

1802 Restabelecimento da escravatura nas colônias francesas. Em Guadalupe, a guerra travada por Richepanse impõe esse restabelecimento.

1804 Proibição definitiva do tráfico negreiro pela Dinamarca.

1804 Proclamação da Independência do Haiti, "primeira república negra".

1807 Proibição do tráfico negreiro pelo Reino Unido.

1808 Proibição do tráfico negreiro pelos Estados Unidos.

1814 Proibição do tráfico negreiro pelos Países Baixos.

1815 Proibição do tráfico negreiro por Napoleão, quando retorna da ilha de Elba.

1815 As potências europeias reunidas no Congresso de Viena se comprometem a proibir o tráfico negreiro.

1816 Criação, nos Estados Unidos, da Sociedade Americana de Colonização, que estabelece como meta organizar o retorno à África dos escravos libertados.

1821 Criação, em Paris, da Sociedade da Moral Cristã e, em 1822, de seu comitê para abolição efetiva do tráfico.

1822 Fundação da Libéria pela Sociedade Americana de Colonização para acolher escravos libertados.

1822 Abolição da escravatura em Santo Domingo (parte espanhola anexada pelo Haiti).

1823 Abolição da escravatura no Chile.

1825 Reconhecimento do Haiti pela França.

1826 Abolição da escravatura na Bolívia.

1829 Abolição da escravatura no México.

CRONOLOGIA

1831 Última lei francesa proibindo o tráfico negreiro; acordo franco-britânico reconhecendo o "direito de vistoria" para conter o tráfico ilegal.

1833-8 Abolição da escravatura nas colônias britânicas.

1834 Fundação, em Paris, da Sociedade Francesa pela Abolição da Escravatura.

1839 Fundação, em Londres, da British and Foreign Anti-Slavery Society (Sociedade Antiescravatura Britânica e Estrangeira).

1840 Primeira Convenção antiescravagista mundial em Londres; uma segunda ocorrerá em 1843.

1844 Petição dos trabalhadores de Paris pela abolição da escravatura.

1845 Convenção franco-inglesa estabelecendo um cruzeiro em comum de repressão ao tráfico.

1846 Abolição da escravatura na Tunísia.

1847 Abolição da escravatura na colônia sueca de São Bartolomeu.

1848 Abolição da escravatura nas colônias francesas e dinamarquesas.

1851 Abolição da escravatura na Colômbia.

1852 Primeiros contratos para o recrutamento de engajados livres para as colônias francesas.

1853 Abolição da escravatura da Argentina.

1854 Abolição da escravatura da Venezuela.

1855 Abolição da escravatura do Peru.

1863 Abolição da escravatura nas colônias holandesas.

1863-5 Abolição da escravatura nos Estados Unidos da América.

1866 Decreto espanhol proibindo o tráfico negreiro.

1873 Abolição da escravatura em Porto Rico.

1876 Abolição da escravatura na Turquia.

AS ABOLIÇÕES DA ESCRAVATURA

1880-6	Abolição progressiva da escravatura em Cuba.
1888	Abolição da escravatura no Brasil.
1896	Abolição da escravatura em Madagascar.
1897	Abolição da escravatura em Zanzibar.
1910	Abolição da escravatura na China.
1920	Abolição da escravatura na Somália.
1923	Abolição da escravatura na Etiópia e no Afeganistão.
1924	Abolição da escravatura no Sudão e no Iraque.
1926	Abolição da escravatura no Nepal.
1926	Convenção da Sociedade das Nações relativa à escravidão.
1928	Abolição da escravatura no Irã.
1936	Abolição da escravatura na Nigéria.
1952	Abolição da escravatura no Catar.
1956	Convenção suplementar da ONU relativa à abolição da escravatura, do tráfico de escravos e das instituições e práticas análogas à escravidão.
1962	Abolição da escravatura no Iêmen e na Arábia Saudita.
1963	Abolição da escravatura nos Emirados Árabes Unidos.
1970	Abolição da escravatura em Omã.
1980	Abolição da escravatura na Mauritânia (após a abolição de 1905 e de 1961).
1992	Abolição da escravatura no Paquistão.
2001	Voto da lei francesa reconhecendo o tráfico e a escravidão como crimes contra a humanidade; Conferência Mundial em Durban, na África do Sul, que reconhece a escravidão e o tráfico negreiro como crimes contra a humanidade.

BIBLIOGRAFIA

Obras gerais
Cottias M., Cunin É., Almeida Mendes A. de, (dir.), *Les Traites et les Esclavages. Perspectives historiques et contemporaines*, Paris, Karthala, 2010.
Dorigny M., Gainot B., *Atlas des esclavages, de l'Antiquité à nos jours*, Paris, Autrement, 2017 (4ᵉ éd.).
Grenouilleau O., *Qu'est-ce que l'esclavage ?*, Paris, Gallimard, 2014.
–, *La Révolution abolitionniste*, Paris, Gallimard, 2017.
Moussa S., *Littérature et esclavage (XVIIIᵉ-XIXᵉ siècles)*, Paris, Desjonquères, 2010.

Sobre Tratados negreiros
Grenouilleau O., *Les Traites négrières. Essai d'histoire globale*, Paris, Gallimard, 2005.
Thomas H., *La Traite des Noirs (1440-1870)*, trad. G. Villeneuve, Robert Laffont, « Bouquins », 2006.

Iluminismo e abolicionismo
Bénot Y., Dorigny M. (dir.), *Grégoire et la cause des Noirs. Combats et projets (1789-1831)*, Paris, Société française d'histoire d'outre-mer et Association pour l'étude de la colonisation européenne, 2000.
Dorigny M., Gainot B., *La Société des amis des Noirs (1788-1799). Contributions à l'histoire de l'abolition de l'esclavage*, Paris, UNESCO, 1998.

Ehrard J., *Lumières et esclavage. L'esclavage colonial et la formation de l'opinion publique en France au XVIIIᵉ siècle*, Bruxelles, André Versaille, 2008.
Pérotin C., *Les Écrivains antiesclavagistes aux États-Unis de 1808 à 1861*, Paris, Puf, 1979.
Rochmann M.-C. (dir.), *Esclavage et abolitions. Mémoires et systèmes de représentation*, Paris, Karthala, 2000.

Revolução Francesa e abolição da escravatura

Bénot Y., *La Révolution française et la fin des colonies*, Paris, La Découverte, 1987; rééd. 2002.
–, *La Démence coloniale sous Napoléon*, Paris, La Découverte, 1992; rééd. 2005.
Bénot Y., Dorigny M. (dir.), *Le Rétablissement de l'esclavage dans les colonies françaises. Aux origines de Haïti*, Paris, Maisonneuve & Larose, 2003.
Dorigny M. (dir.), *Les Abolitions de l'esclavage. De L.-F. Sonthonax à V. Schoelcher (1793-1704-1848)*, Paris, UNESCO, 1999; rééd. 2005.
Dorigny M. (éd.), *Léger-Félicité Sonthonax, la première abolition de l'esclavage, la Révolution française et la révolution de Saint-Domingue*, Paris, Société française d'histoire d'outre-mer et Association pour l'étude de la colonisation européenne, 2005 (2ᵉ éd. augmentée).
Fick C., *Haïti. Naissance d'une nation. La révolution de Saint-Domingue vue d'en bas*, trad. F. Voltaire, préface par M. Dorigny, Bécherel, Les Perséides, 2014.
Gainot B., *La Révolution des esclaves (Haïti, 1763-1803)*, Paris, Vendémiaire, 2017.

Abolições no século XIX

Grenouilleau O. (dir.), *Abolir l'esclavage. Un réformisme à l'épreuve (France, Portugal, Suisse, XVIIIᵉ-XIXᵉ siècles)*, Rennes, Presses universitaires de Rennes, 2008.
Jennings L.C., *La France et l'abolition de l'esclavage (1802-1848)*, Bruxelles, André Versaille, 2010.
Motylewski P., *La Société française pour l'abolition de l'esclavage (1834-1850)*, Paris, L'Harmattan, 1998.
Pago G., *Les Femmes et la liquidation du système esclavagiste en Martinique (1848-1852)*, Matoury (Guyane française), Ibis Rouge, 1998.
Schmidt N., *L'Abolition de l'esclavage. Cinq siècles de combats (XVIᵉ-XIXᵉ siècle)*, Paris, Fayard, 2005.
–, *Abolitionnistes de l'esclavage et réformateurs coloniaux (1820-1851). Analyse et documents*, Paris, Karthala, 2000.
–, *Victor Schoelcher*, Paris, Fayard, 1994.

Resistência e marronagem

Carotenuto A., *Les Résistances serviles dans la société coloniale de l'île Bourbon (1750-1848)*, thèse de 3ᵉ cycle, université Aix-Marseille-I, 2006; à paraître en 2018 aux Éditions des Indes savantes.
Danon R., *Les Voix du marronnage dans la littérature française du XVIIIᵉ siècle*, Paris, Classiques Garnier, 2015.

Debbasch Y., « Le marronnage : essai sur la désertion de l'esclave antillais », *L'Année sociologique*, 3ᵉ série, 1962, p. 1-112, et 1963, p. 117-195.
Dorigny M. (dir.), *Esclavages, résistances et abolitions*, Paris, CTHS, 1999.
Fouchard J., *Les Marrons de la liberté. Histoire et littérature haïtienne*, Paris, Éditions de l'École, 1972.
Le Glaunec J.-P., Rochibaud L. (dir.), « Le marronnage dans le monde atlantique. Sources et trajectoires de vie (1760-1848) », plate-forme numérique en ligne depuis 2009 (www.marronnage.info) réunissant un *corpus* d'avis sur le marronnage à Saint-Domingue, la Martinique et la Guadeloupe.
Moomou J. (dir.), *Sociétés marronnes des Amériques. Mémoires, patrimoines, identités et histoire du XVIIᵉ au XXᵉ siècle)*, Matoury (Guyane française), Ibis Rouge, 2015.
Rochmann M.-C., *L'Esclave fugitif dans la littérature antillaise*, Paris, Karthala, 2012.
Yacou A., *Essor des plantations et subversion antiesclavagiste à Cuba (1791-1845)*, Paris, Karthala, 2010.
–, *La Longue Guerre des Nègres marrons de Cuba (1796-1852)*, Paris, Karthala, 2009.

Após a abolição

Chivallon C., *L'Esclavage, du souvenir à la mémoire. Contribution à une anthropologie de la Caraïbe*, Paris, Karthala, 2012.
Fallope J., *Esclaves et citoyens. Les Noirs à la Guadeloupe au XIXᵉ siècle dans les processus de résistance et d'intégration*, Basse-Terre, Société d'histoire de la Guadeloupe, 1992.
Larcher S., *L'Autre Citoyen. L'idéal républicain et les Antilles après l'esclavage*, Paris, Armand Colin, 2014.
Zonzon J., collab. Ebion S., Choucoutou Ho-Fong-Choy L., *Les Résistances à l'esclavage. Perspectives historiques et contemporaines*, Paris, Karthala, 2010; voir en particulier la section 3 : « Relations de domination et formes de résistance ».
–, *Les Résistances à l'esclavage en Guyane (XVIIᵉ-XIXᵉ siècle)*, Matoury (Guyane française), Ibis Rouge, 2014.

O AUTOR

Marcel Dorigny é historiador e atua no Departamento de História da Universidade Paris-VIII. É membro do Comité pour la Mémoire de l'Esclavage, diretor da revista *Dix-huitième Siècle* e presidente da Association pour l'Étude de la Colonisation Européenne (1750-1850). Escreveu diversos livros sobre abolição e escravatura.

GRÁFICA PAYM
Tel. [11] 4392-3344
paym@graficapaym.com.br